글쓰기에 지친 이들을 위한 창작 교실
소설 쓰기의 기쁨

KAKIAGUNETE IRU HITONO TAMENO SHOSETSU NYUMON
by HOSAKA Kazushi
Copyright©2003 HOSAKA Kazushi
All rights reserved.
Originally published in Japan by SOSHISHA CO., LTD., Tokyo.
Korean translation rights arranged with
SOSHISHA CO., LTD., Japan
through THE SAKAI AGENCY and A.F.C. LITERARY AGENCY.

본 저작물의 한국어판 저작권은 A.F.C. LITERARY AGENCY를 통해 THE SAKAI AGENCY와 독점 계약한 도서출판 섬앤섬에 있습니다. 저작권법에 의해 한국 내에서 보호를 받는 저작물이므로 무단 전재와 무단 복제를 금합니다.

에 지친 이들을 위한
글쓰기 창작 교실

소설 쓰기의 기쁨

호사카 가즈시 지음
정재윤 옮김

섬앤섬

차
례

1. 소설이란 무엇인가 느끼는 것과 생각하는 것

소설이 태어나는 순간·10 / 인간과 인생에 대한 이야기·11 / 자신만의 느낌을 간직한다·13 / 보통의 말로는 전달할 수 없는 것이 소설이 된다· 15 / 왜 단숨에 읽히는 소설은 재미가 없을까·18 / 내가 쓰지 않아도 소설은 이미 존재하고 있다·19 / 회사에서 근무하면서 소설을 쓴다·23 / 소설 쓰기 매뉴얼은 없다·26 / 자신의 숲을 위한 지도를 스스로 만든다·28 / 소설에서 테크닉은 중요하지 않다·29 / 첫 번째 작품에 모든 것을 쏟아 넣는다·31 / '신인상'을 목표로 하지 않는다·34 / '자아 실현'을 위한 소설에는 감명이 없다·36

2. 소설의 새로움은 어디에서 오는가
재즈, 아프리카 문학, 철학……

재즈를 들으면서 소설을 생각한다·40 / 밥 말리가 가르쳐 준 놀라움·43 / 낯선 문학의 설레임·44 / 철학은 소설을 쓰는 데 유용할까?·49 / 소설에도 철학에도 '해답'은 없다·51 / 철학 경구에 구애받지 말자·52 / '아무도 본 적이 없는 것'을 그려 낸다·55 / 전체적으로 본다는 것의 의미·56 / 내가 살아가는 세계·58

3. 무엇을 쓸 것인가 주제로부터의 해방

주제는 소설의 운동을 방해한다·62 / 작품의 리듬에 몸을 맡기는 사람이 뛰어난 작가이다·63 / 주제 대신 '규칙'을 만든다·66 / 비유를 사용하지 않는다·68 / '쓰기 어려운 것'을 쓴다·71 / '인간의 내면'이야말로 미지의 세계·74 / 소설의 힘은 어떻게 생기는가·77

4. 인간을 다루는 이유 리얼리티란 무엇인가?

소설은 왜 인간을 다루는 것일까?·80 / '지금을 살고 있는 인간'을 다룬다·81 / 옛날 영화나 소설이 재미있는 이유·83 / 현실의 인간관계는 단순하지 않다·86 / 작은 것에서 큰 것을 보는 통찰력·89 / 등장인물에게 '고정된 역할'을 부여하지 않는다·92 / 실재 인물을 모델로 삼는다·94 / 인간을 사회적 형용사로 나타내지 않는다·97 / 소설 속의 대화·99 / 실제 대화를 재현하면 잘 읽힌다·104 / 발언의 재미를 반감시키는 '넘겨짚기'는 하지 않는다·106 / 대화는 군더더기 없이 짧게·109 / 등장인물 스스로 말하게 한다·111

5. 문체의 탄생 풍경을 묘사한다

풍경 묘사가 갖는 힘·114 / 심리 테스트에 답하는 것과 같은 것·116 / 풍경을 그려 내는 것의 어려움·119 / 풍경을 그려 냄으로써 문체가 생겨난다·127 / 쓰는 방식에 나타나는 문체·130 / 작가는 풍경을 묘사함으로써 단련된다·131

6. 스토리란 무엇인가? 소설에 흐르는 시간

왜 스토리를 만드는 것은 어려운 것일까?·136 / '다음에 무슨 일이 일어날지 알 수 있기 때문에' 즐길 수 있다·139 / 이야기꾼은 결말부터 역산한다·141 / 소설은 '읽고 있는 시간'에만 존재한다·143 / 도스토예프스키의 '열정'은 어디에서 생겨나는 것일까·146 / '소설을 쓰는 것'은 '문제를 해결하는 것'·148 / 오시마 유미코 작품의 리얼리티·149 / 스토리는 소설을 지연시킨다·152 / 스토리가 없어도 재미있다·153 / 베케트를 읽는 고통과 즐거움·156 / 소설의 재미·159 / 작품이란 과정이다·162 / 작가가 소설의 전부를 통제할 수는 없다·164 / 수없이 고쳐 쓰는 이유·166 / 소설의 다양성을 받아들인다·168

7. 테크닉에 대해서
소설을 처음 쓰고자 하는 이에게 주는 몇 가지 조언

누구나 어느 날 갑자기 소설가가 될 수 있다·172 / 쓰기 전의 이미지나 아이디어는 '헌신짝 버리듯' 버린다·174 / 완성한 작품은 고치지 않는다·176 / 머리를 '소설 모드'로 바꾸지 않는다·178 / '지방색'을 활용한다·181 / '자신이 소중하게 생각하고 있는 것'을 결코 버리지 않는다·182 / 일인칭이냐, 삼인칭이냐·185 / 독자를 픽션의 세계로 이끈다·187 / 픽션과 현실 사이·189 / 첫머리는 어색한 속도가 좋다·190 / 회상 형식을 버리고 시간 순으로 쓴다·193 / '꿈'을 사용하는 것은 지나치게 안이한 발상이다·196 / 독자를 어떻게 웃게 할까?·199 / '감상적인 소설'은 죄악이다·202 / 결말다운 결말이란·205 / 평생 단 한 번밖에 사용할 수 없는 '결말의 기법'·209 / 컴퓨터보다는 펜으로 써보자·211 / 손을 내려놓고 창밖을 본다·214

맺는 말·217

추천의 글·223

소설이란 무엇인가

느끼는 것과 생각하는 것

소설이 태어나는 순간

'소설이란 무엇인가?'를 생각할 때면 초등학교 시절에 함께 학교를 다녔던 두 친구가 떠오른다. 한 명은 4학년 때 같은 반이었던 M이다. 사회 시간이었다. 선생님이 "'옛날'이란 언제를 말하는 것일까?"라는 문제를 내고는, 우리 모두에게 그 답을 쓰라고 했다.

선생님은 답안지를 모두 거둔 다음, 하나하나 훌훌 넘기면서 소리 내어 읽었다.

"10년 전, 사토. 100년 전, 야마모토. 10년 전, 호사카. 50년 전, 스즈키. 또 50년 전, 오쿠보……."

모두들 이런 식으로 답을 적어 냈는데, M의 답만은 전혀 달랐다.

"어머니의 어머니의 어머니가 태어나기 전."

순간, 교실 전체가 웃음바다가 되었다. 하지만 지금 생각해보면, M의 답만이 '소설이 태어나는 순간'이었다.

초등학교 4학년 정도가 되면, 상당히 약아져서 '사회 시간'이라는 틀 속에서 사물을 생각하게 된다. 따라서 초등학교 4학년 학생이 '옛날이란 언제인가?'라는 질문을 받으면 10년 전이나 100년 전이라고 답하는 것이 당연하다.

이에 반해, '어머니의 어머니의 어머니가 태어나기 전'이라는 M의 답은 영리한 답이 아닌 것은 분명하지만 '이질적'이면서도, 확실히 '개성個性'의 촉감이 느껴진다. 자못 '개성'이 태어날 듯한 낌

새가 있다. 그리고 이것이야말로 소설의 원형이라는 생각이 든다.

또 한 명은 초등학교 6학년 때 같은 반이었던 W인데, 졸업 문집에 얽힌 추억이다. 졸업 문집에는 모두가 다 한결같이 "벚꽃이 활짝 핀 길을 어머니의 손을 잡고 들어왔을 때가 바로 엊그제 일처럼 생각됩니다.", "3월이면 부푼 가슴을 안고 중학교에 갑니다." 이런 식으로 글을 써놓았었다. 그러나 W만은 이렇게 썼다.

"4학년 때, 수돗가에서 넘어져 손톱이 부러져서 아팠다."

담임선생님은 초등학교 생활의 추억이나 장래 희망 같은 것을 쓰라고는 말하지 않았다. 그런 것쯤은 굳이 말하지 않더라도, 졸업 문집에는 어떤 것을 써야 할지 학생들은 모두 알고 있을 것이라고 선생님은 믿고 있었을 터이다. 그리고 실제로 W를 제외한 다른 아이들은 선생님이 기대했던 대로 글을 써 냈다.

그러나 W에게는 그러한 '코드'가 통하지 않았다. 그리고 어쨌든 무언가를 쓰려고 했던 그는 '4학년 때, 수돗가에서 넘어져 손톱이 부러져서 아팠던' 일을 가장 강렬한 사건, 즉 글로 써야 할 사건으로 생각했다. 초등학교의 졸업 문집 가운데에서 소설의 첫머리로 사용할 수 있는 글이 있다면 W의 이 글뿐이다.

인간과 인생에 대한 이야기

이 책에서는 '소설이란 무엇인가?'라는 질문을 꽤 집요하게 던지려고 한다. 왜냐하면 소설은 항상 '소설이란 무엇인가'를 끊임없이 생각하면서 써야 하기 때문이다.

이런 과정을 통해 우리는 '소설이란 무엇인가?'에 대한 최초의 답을 찾을 수 있게 될 것이다. 그것은 '소설이란 개성을 낳는 것이다'라는 답이다. 다른 말로 하면, 사회화된 인간 속에 숨어 있는, 사회화되어 있지 않은 부분을 어떻게 언어로 나타낼까 하는 문제이다. 사회화되어 있지 않은 부분은 보통 생활에서는 마이너스가 되거나, 타인에게 손가락질을 받는 부분이다. 하지만 소설에서는 절대로 없어서는 안 되는 부분이다. 다시 말해 소설이란 인간에 대한 압도적인 긍정이다.

그러나 삼십여 년 전에 있었던 앞의 두 가지 에피소드는 그리 즐거운 추억은 아니다. 그 시절, M은 반 전체로부터 따돌림을 당하고 있었고, M의 답을 소리 내어 읽었던 선생님의 행동은 그 따돌림을 더욱 부추긴 꼴이 되었다. W가 쓴 글이 졸업 문집에 그대로 실리게 된 이유는 '학생의 개성을 존중한다'는 방침에 따른 것이 아니라, 선생님이 W에게 무관심했기 때문이었다.

앞의 이야기로 돌아가면, 사회화를 목적으로 하는 학교 교육과 소설(예술 전반)은 일종의 대립 관계에 있다. 소설가들 중에는 M이나 W와 같이 학교 교육의 출발에서부터 소외당한 경험을 가진 사람은 아마 거의 없을 것이다(소외되기는커녕 나 같은 경우 가해자의 입장이었다). 그러므로 이와 관련된 이야기를 하다 보면 수박 겉핥기에 지나지 않을지도 모르지만, 어쨌든 소설가는 M이나 W의 편에 설 필요가 있다.

학교 가기를 거부하거나 집에만 틀어박혀 있는 사람들처럼,

사회에서 이미 충분히 '문제화'되고 있는 사람들을 소설의 제재로 삼는 경우가 있다. 그러나 그럴 때에도 각각의 교실에 있는 M이나 W는 소외된 상황에 처한 채로 남게 된다. 왜냐하면 충분히 '문제화'된 사람들에게 관심을 갖는다면, 그것은 이미 '개성'이 아니라 사회의 편에 서는 것이기 때문이다.

그럼 어떻게 하는 것이 M이나 W의 편에 서는 길일까?

나로서도 정답 같은 것은 제시할 수 없다. 하지만 소설의 기원에는 '개성'이 있으므로, 좋은 소설이라면 반드시 각각의 교실에 있는 M이나 W를 생각나게 만드는 힘이 있을 것이라고 믿는다. 생각나게 만드는 것은 소설만이 아니라 모든 표현의 힘이다. 생각해 내는 것, 잊지 않는 것, 보이지 않았던 것을 보이게 만드는 것은 그것만으로 분명히 의미가 있다고 나는 믿는다.

자신만의 느낌을 간직한다

소설가들 중에는 나처럼 운전면허가 없는 사람이 많다. 이것 또한 사회화되어 있지 않은 부분이라고 할 수 있는데, 그런 것쯤은 대수롭지 않게 생각하는 사람이 소설가이다. 이런 책을 읽을 때에도 여기에 씌어 있는 것을 전부 마스터해서 합격점을 받아야겠다고 생각하는 고지식한 사람은 소설가가 될 수 없다.

그럼 이 책은 어떻게 읽어야 할까? 적어도 나는 독자들이 논리적이거나 분석적으로는 읽지 않기를 바란다. 나는 이 책에서 '소설이란 무엇인가?', '소설을 쓴다는 것은 어떠한 것인가?'라는 질문을 꽤 집요하게 제기하려 한다고 말했다. 그 과정이 언어로 이루어지는 이상, 어느 정도는 논리적인 글이 전개될 수밖에 없을 것이다. 하지만 독자들은 내 말을 가능한 한 직관적 또는 감각적으로 받아들여주기를 바란다. 그렇게 읽는 편이 이해하기도 더 쉬울 것이다. 설령 오해하거나 다르게 받아들인다 해도 문제가 될 것은 없다. 자기 나름의 감각으로 무엇인가를 느껴서 얻는 것, 이것이 소설을 쓸 때에 가장 중요한 것이기 때문이다.

요즘 서점에는 '소설을 쓰기 위한 매뉴얼'이 많이 나와 있다. 그러한 책들은 실제로 소설을 쓸 때의 작업 과정 하나하나에 대해 자세하게 가르쳐준다. 하지만 직관적으로 느껴서 무엇인가를 얻을 수 있는 내용이 담긴 책은 거의 없다. 게다가 대부분 실제 작가가 쓴 책도 아니다. 그러므로 직관적으로 느낀다는 것이 얼마나 중요한 것인지 알 수가 없다. 아무것도 느끼지 못하면서 매뉴얼대로만 소설을 쓴다면, 그것은 이미 소설이 아니다.

자기 나름대로 느낀다는 것은 타인의 말을 곧이곧대로 받아들이지 않는 것에서 시작한다. 내가 '이것이 소설 속에서 숨을 쉬는 것이다'라는 말을 했다고 해서 '숨을 쉬는 것'이라는 말을 그냥 그대로 가지고 가서는 소설을 쓸 수 없다.

어떤 사람이 한 말에는 그 사람 나름의 개성과 경험이 반영되어 있다. 즉, 나한테는 '숨을 쉬는 것'이지만, A한테는 '본질'이라는 말이 더 어울릴지도 모르고, B한테는 '음악성'이라고 하는 편이 더 들어맞을지도 모른다. '소설을 쓰는 것'은 먼저 타인의 말을 자신의 말로 바꾸는 것에서부터 시작한다.

보통의 말로는 전달할 수 없는 것이 소설이 된다

　자기 나름대로 느낀다는 것은 어떤 것일까? 검도를 예로 들어보자.
　검도를 하는 사람들의 말을 들어보면, 진검 승부에서는 칼과 칼이 실제로 부딪히지 않더라도, 이미 상정된 궤도에 따라 칼과 칼이 움직이기 때문에, 두 사람 사이에는 매우 농밀한 공간이 만들어진다. 그리고 상대가 찌르고 들어올 때는 그 순간에만 느낄 수 있는 독특한 호흡이 생겨난다.
　일상적인 사고방식으로는 칼끝과 칼끝이 서로 노려보고 있는 공간은 '아무것도 없는 텅 빈 공간'에 불과하다. 하지만 진검을 쥐고 서로 노려보고 있는 검객들은 그때 강렬한 무언가를 느낀다. 여기에서 엄밀하게 유물론적(물질적)인 입장에서 검객이 공간을 파악하는 방식에 대해 비판하는 것은 의미가 없다. 진검을 쥐고 있는 검객처럼 공간을 느낄 수 있는 사람만이 검의 달인이 될 수 있기 때문이다.

소설을 읽을 때의 '느낌'도 이와 비슷하지 않을까. 진정한 소설은 그 소설을 읽지 않고는 얻을 수 없는 무언가를 지니고 있다. 소설뿐만 아니라, 음악과 미술을 비롯한 모든 뛰어난 예술 작품은 그러하다. 그것들과 접했을 때의 '느낌'을 우리가 일상적으로 사용하고 있는 언어로 나타내기란 매우 어려운 일이다.

며칠 전에 나는 어떤 현대 조각 전시회를 관람했다. 처음 보았을 때의 솔직한 느낌은 '뭐가 뭔지 모르겠다'라는 것이었다. 그런데 다 보고 돌아오는 길에, 조금 과장해서 이야기하면, 세계를 바라보는 내 방식이 바뀌어 있다는 것을 깨달았다.

'뭐가 뭔지 알 수 없는' 예술과 맞닥뜨리면 사람들은 흔히 그 제작자에게 의도가 무엇인지 설명해 달라고 요구한다. 그러나 그런 것은 전혀 의미가 없다. 일상적인 언어로 설명할 수 있는 예술(소설)은 이미 예술(소설)이 아니다. 일상적인 언어로 설명할 수 없기 때문에 예술(소설)은 예술(소설)이라는 형태를 취하게 된다. 일상과 예술의 관계를 단적으로 얘기하자면, 일상이 예술(소설)을 설명하는 것이 아니라, 예술(소설)이 일상을 비추는 것이다.

또 하나 예를 들어보자. 이것도 아주 최근의 이야기인데, 알고 지내는 부부가 기르고 있던 고양이(생후 6개월)의 상태가 나빠졌다. 부인이 나에게 "큰일 났다."며 전화를 했다. 그녀는 물론 남편에게도 이야기를 했는데, 남편은 "어떻게 큰일이 난 건지 논리적으로 설명하라."고 했다고 한다.

그러나 이러한 일을 '논리적으로' 설명할 수는 없는 법이다. 6

개월 동안이나 매일 고양이를 보살펴왔던 고양이 주인이 '큰일'이라면 그것은 '큰일'인 것이다.

　이 남편은 경영학을 가르치는 대학교수이다. 사회적으로는 명석한 두뇌를 지니고 있다고 할 수 있다. 하지만 논리적으로 설명되어 있는 것밖에 납득하지 못하는, 지극히 '사회화된 인간'이기 때문에 '큰일이기 때문에 큰일'이라는 것은 이해할 수가 없었던 모양이다. '큰일이기 때문에 큰일'이라는 직관적인 인식이 대단히 많은 정보량을 뒷받침한다는 것은 1980년대부터 꽤 널리 알려져 온 사실이다. 그런데 비즈니스 사회에는 아직 1960년대와 1970년대식의 사고방식으로밖에 생각하지 못하는 사람들이 꽤 많은 듯하다.

　여기에서 '소설이란 무엇인가?'에 대한 또 하나의 답을 찾을 수 있다. 그것은 '큰일이기 때문에 큰일'이라는 사실을 독자에게 전달하는 것이 바로 소설이라는 것이다. 바꾸어 말하면, 언어(A)를 사용하여 언어(B)로는 전달할 수 없는 것을 만들어내는 것이 소설이다.

　A의 말은 '소설어', B의 말은 '일상어'라고 바꾸어 말할 수도 있다. 하지만 내가 말하는 '소설어'란 지금까지의 소설에서 사용되어온 어휘나 표현, 사고 등을 가리키는 것이 아니다. 상세한 것은 나중에 다시 이야기하겠지만, 내가 말하는 '소설어'란 좀 더 자신의 내부에서 나오는 언어, 좀 더 개성이 있는 언어를 가리킨다.

왜 단숨에 읽히는 소설은 재미가 없을까?

 진정한 의미에서 '소설어'로 쓴 소설은 처음에는 술술 읽히지가 않는다.

 본래 소설이란 새로운 재미를 만들어내는 것이다. 새로운 재미를 만들어내기 위해서는, 늘 자신에게 '재미있는 소설이란 어떤 소설일까?'라는 질문을 하면서 소설을 써야 한다. 이렇게 해서 태어난 새로운 재미는 새롭기 때문에 '술술 읽는' 독서나 이해 방식으로는 독자에게 쉽게 전달되지 않는다.

 '재미있는 소설'에 대한 찬사로 흔히 '단숨에 읽힌다'는 말이 쓰인다. 그러나 단숨에 읽힌다는 것이 찬사가 될 수는 없다. 단숨에 읽히는 소설은 이미 있는 재미, 이미 독자가 알고 있는 재미에 초점을 맞추어 쓴 소설이다. 이런 소설의 재미는 내가 생각하는 소설의 재미가 아니다.

 게다가 '단숨에 읽힌다'는 것은 독자가 그 소설 속의 세계에서 빨리 벗어난다는 것을 뜻한다. 하지만 진정으로 재미있는 소설이라면 독자가 그렇게 빨리 그 세계에서 벗어나고 싶어 하지 않을 것이다.

 '단숨에 읽힌다'라는 평가 방식은 어딘가 샐러리맨적이고, 독자에게까지 '생산성'이나 '신속하게 목표를 달성한다'는 사회적인 가치관이 개입되어 있는 듯한 느낌을 준다. 이러한 가치관을 전혀 건드리지 않는 소설이기 때문에 '단숨에 읽히는' 것이다.

당연히 독자의 인생관이나 세계관은 달라지는 법이 없다. 단숨에 읽은 다음 만족감 또는 성취감 비슷한 것을 안고, 또 일상생활이나 업무로 복귀한다…….

이러한 독서 방식도 싸잡아서 비난할 수는 없겠지만, 이것이 결코 독자의 내면의 경험이 될 수는 없다.

내가 쓰지 않아도 소설은 이미 존재하고 있다

지금까지 이야기한 것은 내가 소설가가 되기 전부터 별 생각 없이 '느낌'으로 파악했던 것들이다. 그러나 구체적으로 '어떻게 하면 소설을 쓸 수 있을까'라는 것에 대한 생각은 어떤 시기까지는 전혀 갖고 있지 않았다.

그럼 어떻게 해서 나는 소설을 쓸 수 있게 된 것일까? 개인적인 일이라 자세히 밝히기는 어렵지만, '하나의 예'로서 그 과정을 대충 이야기해보자.

내가 소설가가 되려고 마음먹은 것은 고등학교 2학년 여름방학 때, 아베 코보^{安部公房}의 《벽-S. 칼머 씨의 범죄》(정확하게는 기억나지 않지만 비슷한 제목이었던 것 같다)를 읽고, '소설이란 참 재미있는 것이군' 하고 생각한 것이 계기가 되었다(내게는 '재미있다'는 생각이 들면 곧바로 그것을 하고 싶어하는 버릇이 있었다. 지금 생각하면 곧바로 '되자'고 생각하는 낙관적인 인간이 아니었다면, 소설가처럼 어떤 의미에서 '되기 어려운 직업'은 선택하지 않았을 것이라는 생각도 든다).

그렇지만 아베 코보가 그 작품에서 무슨 이야기를 하려고 했는지는 도무지 이해할 수 없었다. 해설을 읽고 나서도 '헤, 그런 이야기였나?' 하고 어리둥절해할 뿐이었다. 요컨대 전혀 이해는 못 했어도, 읽고 있는 동안 자체가 즐거웠던 것이다.

그래서 갑자기 소설을 쓰려고 했는데, 원고지를 앞에 놓고도 아무것도 쓸 수가 없었다. 대학에 들어가서는 주위 사람들에게 "소설을 쓰고 있습니다."라고 선언해놓은 탓에, 습작 비슷하게 몇 편 쓰기는 했다. 그런데 그것은 등장인물이 단 한 사람밖에 나오지 않았고, 그 인물이 갑자기 어떤 계시를 받는다는 짧은 이야기에 불과해서 도무지 소설이라고 할 수가 없었다.

결국 나는 나 자신의 그릇이 비어 있음을 깨닫고 외국 소설, 특히 존 바스 등의 미국 현대 작가, 프랑스의 누보로망$^{nouveau\ roman}$ 작품(전통적인 소설에서는 인간 본성이 보편적이고 일정 불변한 것으로 묘사되며, 이야기 또한 정연한 시간적 순서에 따라 극적으로 전개된다. 그러나 누보로망에서는 작중 인물의 자세에 대한 이런 관념을 떨쳐버리고 있으며, 이야기라고 하는 허망함을 폭로하고 현실을 있는 그대로의 모습으로 파악하려 한다_옮긴이), 그리고 그와 관련된 평론 등을 읽기 시작했다.

그러다가 1970년대에 들어서야 겨우 소설이라는 것이 이미 역사적으로, 그리고 세계적으로 정체 상태에 빠져 있음을 알게 되었다(나보다 조숙한 사람은 그런 정도는 훨씬 이전부터 알고 있었지만). 졸라나 발자크가 활동했던 소설의 전성시대에는 소설에서 무엇을 써야 하느냐 외에는 문제 될 것이 없었다. 그러나 오늘날에는 '소설에서는 무엇이 가능한가?'라든가 '도대체 소설이란 어떠한 것인가?'라는 것을 생각하지 않으면 안 된다.

확실히 이런 말을 듣고 나면, 소설을 쓴다는 것은 대단한 일인 것처럼 생각된다. 그리고 특별히 내가 쓰지 않더라도 이미 소설은 존재하고 있고, 도대체 나는 무엇을 써야 좋을까 하는 의문도 솟아난다(이런 의문이랄까, '주저함'은 매우 중요하다. 자기 나름대로 이런 의문이나 주저함을 깨끗하게 정리하지 않으면 계속해서 소설을 써 나가는 것은 불가능하다고 생각한다).

또 나는 "무라카미 하루키村上春樹를 좋아하기 때문에 무라카미 하루키 같은 소설을 쓰고 싶다."라든가 "톨스토이를 좋아하기 때문에……"라는 식으로도 역시 생각할 수 없었다. 특정의 위대한 작가는 해당 시대에 무엇인가를 새롭게 생각해서 등장한 존재이기 때문에 새로운 시도 없이 완성된 것만 흉내내보아야 아무 소용이 없다고 생각하고 있었다.

이리하여 대학 시절 나의 창작은 몇 편인가의 습작을 써보는 데에 그치고 말았다. 졸업 후 나는 세이부西武 백화점에 취직했다. 희망했던 부서는 문화사업부라는 곳이었다. 그 부서가 월급은 적지만 자유 시간이 꽤 많다고 들었기 때문이었다. 나는 당시 소설가의 길을 걷기로 작정하고 있었고, 소설을 쓰는 데에는 역시 시간이 필요하다고 생각했다.

실제로 문화사업부의 영업 관리를 했던 기간을 빼고, 강좌 하나하나를 기획하는 부서로 옮긴 뒤부터 《플레인송》을 발표할 때까지 10년 정도는 샐러리맨치고는 자유로운 시간을 꽤 많이 얻을 수 있었다.

강좌의 기획 업무를 맡던 무렵 나는 업무 관계로 푸코나 들뢰즈, 니체 등의 철학 서적을 읽었다. 철학과 문학을 별개의 것이라고 생각하는 사람이 많지만, 철학자가 문학을 이야기하거나 문학자가 철학을 이야기하는 것은 당연한 일이다.

당시 내가 가장 좋아했던 철학자는 롤랑 바르트였다. 그가 쓴 《이야기의 구조 분석》에는 소설을 쓰는 사람이 읽으면 도움이 될 내용이 씌어 있다고 생각했다. 당시 나는 일하는 틈틈이 조금씩 습작을 하고 있었는데, 이야기를 전개해 나가는 데 상당한 애를 먹어야 했다. 그런데 이 책에 씌어 있는 구조 분석으로부터 소설을 쓰기 위한 방정식을 만들고, 거기에 여러 가지 요소를 적용시켜 가면 소설 따위는 간단하게 전개시킬 수 있겠구나 그렇게 생각했다.

실제로는 일하고 술 마시기 바빠 그런 일은 할 수 없었다. 그러다가 구조가 분석되는 소설 따위로는 안 된다는 생각으로 바뀌어갔다. 구조 분석을 통해 설명할 수 없는 것이 바로 소설의 재미이다. 이 생각은 점차 더 확고해져서 《플레인송》 같은 아무것도 아닌 듯한 이야기가 세상에 태어나고 말았다.

회사에서 근무하면서 소설을 쓴다

'소설이란 무엇인가?'라는 질문과는 관계가 없겠지만 일을 하면서 소설을 쓰고자 하는 사람들을 위해 조금 더 내 경험을 이야기하자.

앞에서 '일하고 술 마시는 데 바빠' 못 했다고 했는데, 정확히 말해서 바쁜 것은 술 마시는 쪽이었다. 어쨌든 일주일에 4일이나 5일, 거의 매일 자정 전후까지 술을 마셨기 때문에 시간이 있을 턱이 없었다. 그런 상태로 30대가 되었다. 낙관론자였던 나도 역시 '마감 시간'이 다가오는 듯한 기분이 들어서 술을 끊기로 했다. 아예 금주를 한 것이 아니라 일과처럼 매일 술을 마시지 말고 일주일에 한 번만 마시기로 하고, 밤 10시부터 12시까지 두 시간 정도는 소설을 쓰기로 했다.

그리고 내가 회사에서 맡은 일은 외근이 많았으므로, 외근을 핑계로 회사를 빠져나와 카페에 앉아 글을 썼다. 회사가 있는 이케부쿠로池袋(도쿄의 부도심 지역_옮긴이)는 아는 사람을 만날 가능성이 있었다. 그래서 야마노테 선山手線(서울의 지하철 2호선과 비슷한 도쿄의 순환선_옮긴이)을 타고 두 정류장 떨어진 스가모巢鴨와 다카다노바바高田馬場의 카페가 그럴 때의 내 일터였다(또 한 군데, 환승역인 시부야渋谷에도 그런 카페가 있었는데, 여기는 회사에서 돌아올 때 이용했다).

카페의 의자에 앉으면 곧바로 테이블 위에 지금까지 썼던 원고지와 앞으로 쓸 원고지를 펼쳐놓았다(지금이라면 노트북을 사용하겠지만, 그때는 아직 노트북이 나오기 전이었다. 그리고 그런 경우에는 손으로 쓰는 게 간편하고 좋다). 그러고 나서 커피를 주문했는데, 커피가 나오기 전에 이미 쓰고 있을 때가 많았다. 《플레인송》을 쓴 것은 32세 때 2~4월과 33세 때 2~4월 사이였다(그 사이에는 글쓰기를 중단했다). 30대에는 조금 시끄러운 곳에서도 순간적으로 글쓰기에 집중할 수 있었다.

물론 카페에서도 집중할 수 없을 때가 있었다. 배경 음악으로 가사를 알아들을 수 있는 노래가 나올 때와 옆자리에서 두 사람이 이야기를 하고 있을 때였다. 그 이유는 '의미'가 머릿속으로 날아 들어오기 때문이었는데, 세 사람이 이야기를 하고 있을 때에는 이야기가 뒤얽히기 때문에 그다지 방해가 되지 않았다.

집중할 수 있다는 점에서는, 전철을 타고 두 정거장을 이동할 때에도 사정이 괜찮았다. 전철을 타는 몇 분 동안에, 머릿속을 바꾸어 그때까지 써두었던 내용을 떠올린 다음, 앞으로 쓸 부분을 생각하는 것이 가능했다.

하지만 누군가가 계속 이런 식으로 지낸다면, 당연히 직장에서 '이상한 놈'으로 손가락질 당하거나 아니면 뛰어난 업무 능력을 발휘하기도 어려울 것이다. 나는 어느덧 중간 관리자가 되어 있었지만, 그것도 되고 싶어서 된 것이 아니었고, 그 이상 승진하고 싶은 생각도 전혀 없었다.

결국 이것도 하고 저것도 하는 식의 양립이란 불가능하다. 그리고 그럴 작정으로 소설을 쓰기 시작했다면 회사에서 늘 좋은 말만 들을 수는 없다. 만일 그럴 경우 어느 직장에나 '귀찮은 놈' 취급을 하거나 일을 잘 맡기지도 않는 사람이 있는데, 그런 사람이 되는 편이 차라리 낫다. 아니면 소설이나 텔레비전 드라마에서 일하기 편한 곳으로 나오는 '사사 편찬실'이라든가 '창고' 같은 곳으로 부서 이동을 할 수도 있을 것이다. 출세 같은 것은 못 할 사람이나, 한직으로 쫓겨난 사람은 분명히 세상 사람들로부터는 비웃음을 산다. 본인도 주위에서 자기를 그런 눈으로 보고 있다고 생각하면 스스로 한심하게 느껴지겠지만, 그것을 받아들이는 것은 '세상(=일상적 사고방식)'을 상대화하기 위한 훈련이기도 하다.

어쨌든 지금 이 상태로 계속 있으면 소설을 쓰는 것은 불가능하다. 그러나 조금만 머리를 쓰고 조금만 노력하면 소설을 쓸 시간은 얼마든지 만들 수 있다. 하루에 두 시간씩 소설을 쓸 수 있다면, 그것으로 충분하다. 두 시간 동안 3페이지(200자 원고지로 12장 안팎)를 쓸 수 있다면 한 달에 90페이지이다. 200페이지 정도의 소설이라면 초안을 잡는 데 2개월, 퇴고와 정서에 1개월, 3개월이면 책 한 권 분량의 소설을 쓸 수 있다.

'그런 단순 계산으로는 안 된다'고 생각하는 사람이 있을 테지만, '된다'고 나는 단언한다. 데뷔하기 전에는 쓰고 싶은 것이 있을 때만 쓸 것이므로 두 시간에 3페이지. 그것을 일주일 동안 계속하면 21페이지라는 단순 계산이 절대적으로 성립한다.

만일 당신이 두 시간에 3페이지를 쓸 수 없다면, 그것은 진정으로 쓰고 싶은 것을 쓰고 있지 않거나 이미 당신이 지나치게 많이 썼거나, 둘 중에 하나이다. 그런 사람에게는 쓰지 않는 시기를 둘 것을 권한다.

　앞으로 필요할 때마다 되풀이해서 이야기하겠지만, 오로지 쓰기만 하는 것보다는 책을 읽거나 콘서트에 가거나 도보 여행을 하거나 정원을 가꾸거나 하는 것이 글을 쓰는 데는 훨씬 도움이 된다. 소설이란 그런 일들을 하면서도 충분히 생각할 수 있는 것이기 때문이다.

소설쓰기 매뉴얼은 없다

　다시 '소설이란 무엇인가?', '소설을 쓴다는 것은 어떠한 것인가?'로 돌아가자.

　앞에서 '소설을 쓰기 위한 매뉴얼'을 읽는다고 해서 소설을 잘 쓸 수 있는 것은 아니라고 했다. 소설이 테크닉에 의해서 되는 것은 아니기 때문이다.

　'소설을 쓰기 위한 매뉴얼'에는 '지문과 대사의 비율'이나 '주인공과 그를 둘러싼 인물의 관계를 설정하는 법' 아니면 '비유의 사용법', '회상을 삽입하는 방법', '사건의 복선을 까는 법' 등 여러 가지 테크닉이 소개되어 있는데, 이런 성공 사례는 하나하나가 이미 소설이 되어 나와 있기 때문에 성공 사례로 보일 뿐이다. 이런 성공 사례를 사용한다고 해서 지금부터 쓰려고 하는 것이 소설이 되는 것은 아니다. 즉, '역은 성립하지 않는다.'

　'그렇게 말하면《소설을 쓰는 방법》같은 책은 존재할 수 없지 않겠나?' 하고 생각하는 사람은 이미 매뉴얼 종류의 책에 중독되어 있는 사람이다.

소설은 '소설이란 무엇인가?'를 계속해서 질문하면서 쓰는 것이라고 이미 이야기했다. 매뉴얼에는 이 질문이 삭제되어 있다. 패스트푸드 가게의 카운터에서도, 컴퓨터가 고장이 났을 때 매뉴얼대로 한다고 해서 항상 문제가 해결되지는 않는다. 미리 상정해놓은 것 이상의 문제가 발생하면 전문가가 나와 개별적으로 대응하지 않으면 안 된다.

소설이란 바로 이 개별적인 대응이며 어느 것에나 적용되는 매뉴얼(방법)이 있다면, 소설가가 지금보다 100배로 많아진다고 해서 이상할 것은 없다.

그런데 '소설을 쓰기 위한 매뉴얼'을 읽는 사람은 '고지식한' 사람이기 때문에 '이 책을 만 명이 사서 읽었다고 해도 내용을 확실하게 이해할 수 있는 사람은 10명 정도밖에 안 될 것이다'라든가 '그런데도 내가 소설을 쓰지 못하는 것은 이 책의 내용을 정확하게 이해하지 못하기 때문이 아닐까?' 하는 식으로 생각해버린다(이런 책을 읽는 것은 단지 머리를 식히기 위해서라고 생각하는 사람은 논외다). 그러나 중요한 것은 소설과 매뉴얼의 근본적인 모순으로 '역은 성립하지 않는다' 즉, 진실은 다음과 같다.

매뉴얼을 가지고는 소설을 쓸 수 없다.

소설을 쓰기 위한 매뉴얼은 없다('소설을 쓰기 위한 매뉴얼'을 믿는 독자를 '고지식하다'고 말했는데, 이것을 '스스로 생각하려 하지 않는다'라고 바꾸어 말할 수도 있다).

자신의 숲을 위한 지도는 스스로 만든다

 그래서 이런 식으로 생각을 바꾸었으면 한다.
 당신은 지금 숲속에 있다. 그 숲은 매우 울창하고 복잡하게 얽혀 있어서 어디로 가야 밖으로 나갈 수 있을지 알 수 없다. 어찌 할 바를 몰라 배낭 속을 뒤져보니 《도련님》(나쓰메 소세키夏目漱石의 중편소설)을 소재로 한 지도(매뉴얼)가 있었다!
 그래서 당신은 《도련님》을 보면서 숲속을 걷기 시작하지만, 결국 길을 잃고 만다. 왜냐하면 당신은 《도련님》이라는 숲의 매뉴얼을 읽었을 뿐이고, 당신이 쓰려고 하는 숲은 다른 땅에 있는 다른 시대의 숲이기 때문이다. 《전쟁과 평화》라는 숲의 지도를 보아도 《노인과 바다》라는 숲의 지도를 보아도, 당신은 당신의 숲에서 빠져나올 수 없다. 숲은 늘 변화하고 있다. 지도를 곧이곧대로 받아들이는 순간, 그 시점에서 당신은 '소설이란 무엇인가?'라는 질문을 잊어버린 상태이기 때문에 당신이 쓰는 것은 소설이 될 자격을 이미 빼앗겨버렸다고 할 수 있다. 그러니 당신은 당신의 숲의 지도를 스스로 만들 수밖에 없는 것이다.
 매뉴얼은 이미 '지도가 된' 것이므로 당신을 위한 지도는 아니다. 그렇다면 숲에서 빠져나오기 위해서는 여기저기 아무렇게나 돌아다녀보는 수밖에 없는가? 그런 것은 아니다. 식생植生을 관찰하거나, 어디에선가 들려오는 물소리에 귀를 기울이거나, 태양의 움직임을 보고 방향을 찾거나 하는 방법을 통해 틀림없이 빠져나올 수 있다.

다시 말하면 '소설에는 왜 인간이 등장하는 것일까? 왜 특정한 장소나 시간이 설정될 필요가 있을까? 왜 풍경의 묘사가 있는 것일까? 왜 스토리가 있는 것일까? 그것들은 꼭 필요한 것일까?' 하고 소설(숲의 성질)을 근본에서부터 다시 생각하는 것이 소설이라는 숲에서 빠져나오는 수단이 된다.

마찬가지로 이 책에서도 이해하기 쉬운 지도를 보여주지는 못할 것이다. 그러나 독자 한 사람 한 사람이 스스로의 숲을 위한 지도를 만들 수 있도록 소재나 사고방식에 대해 할 수 있는 이야기는 모두 다 할 작정이다.

소설에서 테크닉은 중요하지 않다

소설을 쓰려고 하는 사람이나 이미 몇 작품인가 썼던 사람으로부터 테크닉에 관한 질문을 받을 때가 있다. 그럴 때 나는 "당신이 기술이나 수법에 관해 누군가에게 물을 때마다 소설은 당신으로부터 떠나간다."라고 대답한다.

그런 질문들은 대개 그다지 의미가 없는 것들뿐이어서 나로서는 그 질문들을 하나하나 기억하는 것도 불가능하다. 어쨌든 "A나 B 중 어느 쪽이 더 나은가요?" 하고 물으면 내 대답은 "어느 쪽이라도 괜찮아요."이고, "이렇게 하면 됩니까?"라는 질문을 받으면 "그래도 괜찮고 안 그래도 괜찮아요."라고 대답할 수밖에 없다.

소설을 쓸 때에 생각해야 하는 것은 절대 그런 것들이 아니다. 쓰고 있는 것이 소설인지, 아니면 단지 소설의 형태를 띠고 있는 어떤 것인지를 결정하는 근본적인 차이는 그런 질문을 하기 이전의 문제이다.

소설을 쓰기 위한 지름길로 보이는 것은 사실상 어느 것이든 소설에 도달할 수 없는 길이다. 멀리 돌아가는 길인 듯 보이는 것만이 소설에 이르는 길이다.

자신의 소설이 벽에 부딪혔을 때 그 원인이 테크닉 부족이라고 생각하는 사람은 '소설을 쓰기 위한 매뉴얼'을 믿는 고지식한 사람과 마찬가지로, 성실하고 솔직한 사람일지는 모르지만 진정으로 자신이 쓰고 싶은 것이 무엇인지 진지하게 생각하지 않는다는 의미에서 게으른 사람이기도 하다.

소설의 내용과 표현·수법·기술의 관계는 이중 삼중으로 겹쳐 있는 문제이기 때문에 엄밀하게 파헤쳐보자면 끝이 없다. 우선 그런 귀찮은 것은 생각지 말고 '진정으로 쓰고 싶은 것이라면 테크닉 따위는 관계없다'라고 단순하게 생각하기 바란다.

세상에는 태어나서 소설이라곤 10권밖에 안 읽었으면서도 소설을 쓰기 시작하는 기가 막힌 사람도 있지만(고등학교 시절의 내가 그런 종류의 인간이었다. 그래서 나는 쓰지 못했다) 반대로 100권이나 200권쯤 읽은 데다 어느 정도의 경험이 있다면, 이미 상당한 양의 테크닉이 무의식중에 축적되어 있어서 그 테크닉이 글의 내용에 따라 의식하지 않더라도 자연스럽게 발휘된다. 그러므로 '테크닉 따위는 관계없다'고 생각은 하지만, 싫어도 발휘되는 것이 테크닉의 함정이며, 테크닉으로부터 자유로워지는 것이 훨씬 더 어렵다.

신인상의 응모 작품이나 가끔 나에게 직접 보내오는 작품을 읽어보면, 우선 테크닉이 없는 것은 하나도 없다. 문장도 충분히 훌륭하다. 비유의 사용법도 뛰어나다.

그러나 문제는 거꾸로 테크닉을 완전히 배제한 채 쓴 작품은 하나도 없다는 것이다. 그런 것들을 주어진 것, 즉 이미 기법으로서 확립된 것으로 이해하고 있기 때문에 그런 것들을 소설에서 사용하게 된 기원이나 배경에 대한 발상·의문을 잊고 있다.

첫 번째 작품에 모든 걸 쏟아 넣는다

너무 쓰려고만 할 것이 아니라 진정으로 자신이 쓰고 싶은 것이 무엇인지를 잘 생각하는 데에서부터 시작해야 한다. 또한 소설을 쓰면서, 그것을 쓰고 있는 시간을 통해 자신이 무엇에 대해 생각하고 싶은지 잘 생각해본다. 그리고 그것이 무엇인지 알았다면, 그 한 작품에 전력을 쏟아 넣는다.

흔히 "다음 작품을 위해서 쓸거리를 남겨둔다"는 이상한 말을 하는 사람들이 있다. 하지만 지금 쓰고 있는 글이 '첫 번째 작품'이 되지 않으면 두 번째 작품은 있을 수 없다. 남겨둘 수 있는 쓸거리란 대개는 쓸거리가 못 된다. 다시 말해 쓸 가치가 없다. 그것이 틀림없이 쓸 가치가 있는 쓸거리라면 지금 쓰고 있는 작품에 모두 투여하기 바란다. 당신이라는 동일한 인간이 생각하고 있는 것이므로, 그것이 무엇이든 지금의 작품에 넣을 수 없는 것일 턱이 없다.

'그래도 넣을 수 없다'는 생각이 든다면, 더더욱 좋다. 넣을 수 없는 것을 어떻게든 넣어 보려고 머리를 쥐어짬으로써 당신은 성장할 수 있다.

그런 과정을 거친 뒤 비로소 당신은 소설의 출발점에 서게 된다. 그리고 비로소 당신은 테크닉 따위는 관계가 없다는 말을 책에서 읽은 말이 아니라 자신의 실제 체험에서 나온 깨달음을 통해 새롭게 발견하게 된다.

인간의 능력이란 참으로 묘한 것이어서 최초의 작품 하나에 전력을 기울인 사람에게는 두 번째가 있다. 그러나 첫 번째 작품을 쓰면서 힘을 아끼거나 두 번째 작품을 위해 쓸거리를 남겨둔 사람에게는 두 번째 작품은커녕 첫 번째 작품도 없다.

이 얼핏 보기에 모순된 말은 그러나 실제로는 모순된 말이 아니라 간단하게 설명할 수 있는 말이다. 왜냐하면 전력을 다해 소설을 써야만 그 사람이 성장할 수 있기 때문이다. 힘을 아끼는 사람은 첫 작품을 통해 성장하지 못하기 때문에 첫 작품을 쓰기 전과 조금도 변화가 없다. 그래서 첫 번째 작품을 쓰기 전과 같은 상태로 두 번째 작품을 쓰게 된다. 그것을 몇 차례가 되건 반복해보아도 마찬가지라는 것은 두말할 필요도 없다.

그에 반해 지금 쓰고 있는 작품에 전력을 기울이는 사람은 그 과정에서 성장하고 있기 때문에, 두 번째 작품을 위한 쓸거리를 찾을 수 있다. 그러므로 앞에서는 두 번째가 있다고 말했는데, 이는 "두 번째를 쓸 수 있다."라고 말하는 게 낫겠다.

사실 처음부터 전력을 기울여 쓸 수 있는 것은 아니다. 소설이란 훈련되어 있지 않은 개와 비슷한 데가 있어서 제멋대로 아무데나 가려 하는 '운동성'을 지니고 있다. 그러므로 그것을 따라가는 것이 고작이다. 사전에 쓰려고 생각하고 있던 것이 다섯 개 있었다고 해도 두 개 정도는 쓰지 못한 채 끝나버린다.

나중에 다시 말하겠지만, 미리 계획한 대로 쓴 소설은 '운동성'이 없기 때문에 재미가 없다. 오히려 두 개 정도를 놓치게 되면, 미리 생각하지 못했던 것이 쓰는 과정에서 끼어들기 때문에 결과적으로 놓친 것보다 풍부한 것이 나오게 된다.

여기에서 '놓친 것'과 '남겨둔 것'은 다르다. '놓친 것'을 자각하는 사람은 소설의 자기 의지라고도 할 수 있는 '운동성'을 체험하게 되지만, '남겨둔' 사람은 '운동성'을 체험하지 못한 채 지나치게 된다.

이렇게 실제 사례가 수반되지 않은 추상론·일반론을 이야기하는 나도 조금은 안타깝지만, 추상론·일반론이 갖는 이점도 있다. 인간이란 뜻밖에도 실제 사례보다는 추상론을 더 잘 이해하고 기억한다는 특징을 지니고 있기 때문이다.

이에 대한 가장 좋은 사례가 엄밀한 묘사이다. 프루스트의 《잃어버린 시간을 찾아서》는 묘사가 섬세하고 엄밀하기 때문에 오히려 난해하다. 묘사가 묘사 이전의 모호한 분위기만으로 점

철되어 있는 사례로 생각나는 것은 《매디슨 카운티의 다리》이다. 이 소설은 그 정도가 너무 지나치기는 하지만, 적절한 사례를 찾으려 애쓰지 않고 어느 정도 추상적으로 이야기를 진행시키는 편이 이해하기 쉽다고 생각한다. 그러므로 이 책에서는 기본적으로 실제 사례를 너무 많이 사용하지 않는 방향으로 나아가기로 하자.

'신인상'을 목표로 하지 않는다

이미 비슷한 생각을 밝혔지만 이 책은 '소설을 쓰는 법'에 관한 책이기는 해도 "이렇게 쓰면 신인상을 탈 수 있다."라고 공언하는 책이 아니다.

최근 몇 년 사이 문예지가 주최하는 신인상 공모에는 각 문예지마다 매번 1,000편에서 1,500편 정도의 작품이 모이고 있다. 정확히 말해서 이 가운데 90퍼센트 정도는 아무짝에도 쓸모가 없다. 최종 심사에 남는 작품이라도 어떻게든 읽을 만한 것은 다섯 작품 가운데 두세 작품뿐이다. 이쯤 되면 신인상을 받는 것만으로도 대단한 것이다. 그러므로 "이렇게 쓰면 신인상을 탈 수 있다."라는 식의 제목이나 카피를 단 책들이 많이 나올 수도 있지만, 신인상을 목표로 잡는 것은 지나치게 뜻이 낮은 것이다.

이 책은 신인상을 받기 위한 길잡이는 아니지만, 꼼꼼히 읽고 나면 신인상 정도는 받을 수 있음을 보장한다.

진정한 의미에서의 '신인'이란 소설의 세계에 무언가 새로움을 가져오는 사람을 말한다. 유행이나 방법만이 담긴 매뉴얼를 읽는다고 해서 그 새로움이 어떤 것인지를 터득할 수 있는 길은 보이지 않는다. 하지만 이 책을 꼼꼼히 읽고 나서(단, 내용을 '고지식하게' 곧이곧대로 받아들이지 말 것), 다시 스스로 '소설이란 무엇인가?'에 대해서 생각할 수 있는 사람이라면, 반드시 자신만의 새로움을 만들어낼 수 있을 것이다. 만일 이 책을 읽은 사람이 1,000명이라면 적어도 두세 명은 이를 성취할 것이라고 믿는다(이런 말을 듣고 기가 죽는 사람은 소설가가 될 수 없다. 1,000명 가운데 두세 명이라면 놀랄 만큼 높은 확률이라고 해도 좋을 것이다).

그러나 신인상을 받는다는 것은 소설가가 되기 위한 하나의 계기에 지나지 않는다는 것만은 기억해두기 바란다. 데뷔하기 전에 이미 소설가로서 30년, 40년을 살아가겠다는 마음을 갖지 않으면, 소설가가 될 수 없다. 신인상을 받은 것까지는 좋았는데, 그 뒤 한두 작품밖에 쓰지 못하고 사라져버리는 사람이 많다. 그것은 그러한 마음을 갖지 않은 사람이 가끔 신인상을 수상하기 때문이라고 생각한다.

소설을 수십 년 동안 계속해서 쓰기 위해서는, 소설을 쓰면서 자신의 수준을 높여간다는 마음가짐이 있어야 한다. 자신의 수준이 높아지면 사고가 발전하므로 늘 새로운 의문이 솟아난다. 그리고 그것이 다음 소설을 쓰기 위한 힘이 된다.

누구의 인생이든 인생이란 자신을 고양시키기 위해서 있는 것이라고 나는 생각한다. 요즈음 사회에는 이런 생각을 부끄럽게 여기거나, '무슨 그런 거창한 이야기를 하나?'라고 힐난하는 듯한 시선이나 분위기가 있지만, 속으로는 모든 인간이 자신을 고양시키고 싶다고 생각하고 있을 것이다.

소설가는 소설을 통해 자신을 고양시켜 나가야 한다. 신인상이나 무슨 문학상을 받는 것이 목적이 아니다. 아무리 소설이 많이 팔리거나 상을 받는다고 해도, 한 작품을 쓸 때마다 자신의 수준을 높여간다는 성취감이 없으면, 소설을 쓰는 의미가 없다. 자신의 수준을 높여 가는 것은 몹시 어려운 일이기는 하지만, 그 어려움을 아는 것은 또한 기쁨이기도 하다.

흔히 인간에게는 무한한 가능성이 있다고 한다. 프로이트나 라캉의 책을 읽어보면, "인간은 이렇게밖에 살아갈 수 없다. 그 엄격한 감옥 속에서 살아라."라고 말하는 듯이 생각된다. 소설가는 소설을 쓰는 것으로밖에 살아갈 수 없다. 그러한 삶의 방식을 발견할 수 있었던 만큼 나는 행복하다고 생각한다.

'자아 실현'을 위한 소설에는 감명이 없다

여기에서 오해가 없도록 덧붙여두자. 자신의 수준을 높이는 소설이란 이른바 '자아 실현'을 위한 소설도 아니고, '자기 구원'을 위한 소설도 아니다.

지금까지는 우울한 인생을 보내고 있던 사람이 소설을 씀으로써 구원받았다는 이야기를 흔히 듣지만, 이것은 소설을 왜소화하는 이야기이다. 소설이란 좀 더 커다란 무엇인가를 향해 가는 것이지, 그 소설을 쓴 사람 하나밖에 구원하지 못하는 빈약한 것은 아니다. 게다가 소설을 씀으로써 '자아실현'이나 '자기 구원'이 가능하다면, 그 사람은 더 이상 소설을 쓸 수 없게 된다. 이래서는 일생 동안 소설을 쓴다는 것은 불가능하다. 다시 말해 소설가가 될 수 없다.

자아 실현이나 자기 구원을 위한 소설은, 마찬가지로 우울한 인생을 보내고 있는 사람들의 '공감'을 불러일으킬지도 모르지만, 독자를 '감명'시키는 것은 불가능하다(단, '공감'은 얻기 쉬우므로 베스트셀러는 될 수 있다). '감명'이란 자신보다 커다란 것을 만났을 때, 마음속 깊은 곳에서 우러나오는 감동을 말한다.

우리의 언어나 미의식, 가치관을 만들고 있는 것은 문학과 철학, 그리고 자연과학이다. 이 세 가지는 어느 것이나 필요한 것이기는 하지만, 어떤 것이 더 근본적인지를 따진다면 나는 문학이라고 생각한다. 우리는 '아름답다'거나 '추하다'와 같은 말을 당연한 듯이 사용하고 있지만, 이들 말은 모두 문학이 만들어냈고, 그리고 문학에 의해서 지탱되는 가치이기 때문이다.

보통 사람이 일상적으로 사용하고 있는 말을 바탕에서부터 지탱하는 것이 소설가의 임무이다. 소설을 쓰려고 하는 사람은 허세라고 해도 좋으니까 그러한 자부심을 가졌으면 한다.

2

소설의 새로움은 어디에서 오는가

재즈, 아프리카 문학, 철학······

재즈를 들으면서 소설을 생각한다

'소설을 쓴다는 것'은 '소설이란 무엇인지를 생각하는 것'이라고 반복해서 이야기했다.

그러나 이 말이 하루 종일 소설만 생각하라는 의미는 아니다. 나 자신을 예로 들면, 소설을 쓰기 전에는 재즈나 록, 현대 음악 등 음악에 대해 생각하는 시간이 매우 많았다. 처음에는 물론 그런 음악이 좋아서였지만, 소설을 쓰겠다고 진지하게 생각하기 시작했을 무렵부터는 음악을 듣거나 음악에 대해 생각하는 일이 그대로 소설에 대해 생각하는 것이 되었다.

이것은 음악을 소설의 메타포로 삼거나 음악을 소설로 바꾼다는 뜻이 아니다. 음악을 생각하는 일과 병행하여 소설을 생각하는 것이라고 해도 좋다. 그러나 중요한 것은 음악을 단순히 소설의 힌트로만 여겨서는 안 된다는 것이다. 음악은 음악으로만 생각해야 한다. 그러다 보면 어느 틈엔가 '표현'이라는 데까지 생각이 미치고, 그것이 결과적으로 소설에 대해 생각하는 것이 된다.

예를 들면 재즈. 마일스 데이비스(연주자이자 작곡가. 쿨 재즈나 퓨전 재즈 등 재즈의 새로운 장르를 개척한 선두주자_옮긴이)나 길 에번스(편곡자. 소수의 멤버로 오케스트라의 효과를 내는 그의 편곡 방식 때문에 마일스 데이비스와 공동 작업을 많이 했다_옮긴이)의 음악을 들으면, '아, 이런 것이 재즈구나'라고 느끼게 된다. 그들의 재즈는 그때까지의 재즈와는 명확히 달라서, 재즈의 혼과 같은 것이 분명히 느껴진다.

그것을 굳이 말로 표현한다면 '일탈하는 정신'이라고 할 수 있을까? (이것은 어디까지나 나의 말이므로 독자는 다른 표현을 생각해보기 바란다) 마일스 데이비스는 50년대의 코드 주법(화음을 위주로 한 연주. 코드 진행을 바탕으로 한 규정된 연주 스타일_옮긴이)에서 '일탈'하여 모드 주법(멜로디를 위주로 한 연주. 음계의 변환을 바탕으로 한 자유로운 연주 스타일_옮긴이)이라는 것을 고안해냈다. 그리고 1970년대에 들어서면 리듬이 더욱 잘게 쪼개져서 일렉트릭 재즈로 일탈해간다.

음악이든 소설이든, 표현이란 끊임없이 무언가 일탈하는 것을 품고 있지 않으면, 머지않아 소멸되어 버린다. 표현이란 본질적으로 그런 것이다. 1920년대부터 1960년대에 걸쳐 재즈에 활기가 있었던 것은, 재즈가 끊임없이 일탈하고 있었기 때문이다. 그 시대에 녹음된 재즈 음반은 일탈하는 정신을 담고 있었기 때문에 지금 들어도 재즈로 들린다. 하지만 요즘 1960년대 스타일로 연주하는 재즈를 들어보아도 거기에는 일탈하는 정신이 없기 때문에 재즈로 들리지 않는다. 그것은 과거의 모방에 지나지 않는다.

소설 또한 기성 소설로부터 일탈하는 것을 품고 있지 않는 한, 지금 씌어져야 할 의미가 없다.

하지만 '새로움'이라는 것에 대해서는 그다지 생각하지 않아도 된다. 어떤 종류의 소설은 이미 '포화 상태'에 이르렀다는 감각이 그 사람 나름으로 있을 것이다(이런 감각이 없으면 곤란하다). 여기에서 일탈하지 않는 한, 소설을 쓰는 의미는 없다고 생각하는 것, 그런 자세가 매우 중요하다. '새로움'이라는 것은 나중에 누군가가 평가하는 결과론 정도라고 생각하면 된다.

그럼 어떻게 하면 '일탈'할 수 있을까? 열쇠를 쥐고 있는 것은 '개성'이라고 생각한다. 이 점은 뒤에 가서 다시 자세하게 살펴보기로 하자.

어쨌든 음악뿐만 아니라, 영화나 미술 같은 소설 이외의 표현 형식에 대해서 계속 생각하는 일은 확실히 소설을 생각하는 것과 연결된다.

표현 형식이라고 한정할 수 없을지도 모른다. 사람에 따라서는 축구를 생각하는 것(예를 들면 좋은 선수와 보통 선수의 본질적인 차이는 어디에서 오는 것일까 등)도 소설을 생각하는 것이 될 수 있고, 야생동물이나 곤충, 식물을 생각하는 것(무리지어 나는 새나 곤충이 단독으로 나는 새나 곤충보다 훨씬 더 먼 거리를 이동할 수 있는 것은 어떤 이유일까 등)도 소설을 생각하는 것이 될 수 있다.

소설을 쓰려고 하는 것이니까 소설만 생각하면 된다, 이렇게만 생각하면 곧바로 벽에 부딪히고 만다. 소설은 아무래도 자유도가 낮은 표현 형식이라고 생각하는 사람들이 많다. 그래서 '소설을 쓰고 싶다'고 생각하는 사람일수록 소설에 대해 저자세를 취하는 경향이 있다. 그러므로 계속해서 소설 이외의 것에 대해 생각해보라고 권하고 싶다. 그것은 결코 쓸데없는 일이 아니다. 소설 이외의 것들은 언젠가는 반드시 '앞으로 쓰려고 하는 소설'과 호흡을 맞추게 될 것이다.

밥 말리가 가르쳐준 놀라움

재즈가 아닌 레게(1968~69년 카리브 해 자메이카에서 발생한 새로운 대중음악. 전통적인 흑인 댄스뮤직에 미국의 솔뮤직 등의 요소가 곁들여 형성되었다_옮긴이)의 밥 말리(자메이카 흑인이 겪는 고통을 '레게'라는 자메이카 토속 음악에 담아 노래한 가수. 데뷔작 〈불을 붙여라〉를 발표하면서 레게를 자메이카 밖으로 전파했다_옮긴이)의 존재도 컸다.

소설을 쓰겠다고 생각했을 무렵, 나는 그때까지의 소설에 흔히 나타난 '사랑 타령, 즉 사랑의 괴로움을 끝없이 늘어놓는 것만이 소설은 아닐 거야'라는 생각은 하고 있었다. 하지만 이 생각은 지나치게 추상적이어서 나 스스로도 어딘가 실감이 나지 않았다. 그런데 밥 말리는 전혀 다른 세계를 노래하고 있었다.

I wanna love you, and treat you right,
I wanna love you, every day and every night,
We'll be together, with a roof right over our heads.
We'll share the shelter, of my single bed.
We'll share the same room, JAH provide the bread.

이 노래는 한마디로, '사랑을 하면 여호와에게 축복을 받고, 먹을 것도 살 곳도 모두 여호와가 주기 때문에 두 사람은 행복하다!'는 내용의 노래이다. 이 노래를 듣고, 나는 이 세계에는 지금까지의 소설과는 전혀 다른 세계가 있고, 이 전혀 다른 세계 또한 작품으로 성립할 수 있음을 깨달을 수 있었다. 그것은 놀라움이기도 했고 기쁨이기도 했다.

낯선 문학의 설레임

이러한 깨달음은 나이지리아의 소설가 아모스 투투올라$^{Amos\ Tutuola}$(나이지리아의 소설가. 나이지리아에 흩어져 사는 여러 종족 가운데 한 종족인 요루바 족의 전승 민담을 소재로 하여 소설을 썼다. 작품으로《정글 방랑기》,《용감한 아프리카 여자 사냥꾼》등이 있다_옮긴이)의《야자열매술꾼》이라는 작품과 라틴 아메리카 문학의 선구자라고 할 수 있는 후안 룰포$^{Juan\ Rulfo}$(멕시코의 소설가. 멕시코 혁명에 대해 비판적이었던 그는 법률과 현실의 괴리, 형식과 내용의 괴리, 정치적 수사와 행정의 괴리에 대해 날카롭게 비판하는 작품들을 썼다)의《페드로 파라모》라는 작품을 읽었을 때에도 얻었다. 이 두 작품은 그때까지 내가 알고 있었던 소설과는 너무나 이질적이어서 이것 또한 나에게는 음악과 마찬가지로 '소설의 외부'에 있는 것이었다. 조금 길기는 하지만, 이 두 소설의 첫머리를 인용해보자.

열 살배기 어린아이였을 때부터 나는 야자열매술꾼이었다. 야자열매술을 마시는 일 외에는 아무것도 하는 일이 없었다. 당시에는 조개껍데기가 돈으로 유통되고 있었기 때문에 모든 것을 아주 헐값에 살 수 있었다. 게다가 나의 아버지는 마을 최고의 갑부였다.

아버지에겐 자식이 여덟 명 있었는데, 그 가운데 내가 가장 나이가 많았다. 내 형제들은 모두 부지런한 일꾼이었지만, 나만은 대단한 야자열매술꾼이었다. 나는 밤낮을 가리지 않고 계속 야자열매술만 마셨기 때문에 맹물은 목구멍으로 넘길 수 없게 되고 말았다.

나라는 인간이 야자열매술을 마시는 것 말고는 할 줄 아는 게 아무것도 없다는 사실을 알고, 아버지는 나를 위해 야자열매술을 담그는 전속 하인을 고용해주었다. 그가 해야 할 일이라고는 나에게 매일같이 야자열매술을 받아다주는 것뿐이었다.

아버지는 내게 700만 평이나 되는 야자 농장을 주었다. 그 야자 농장에는 56만 그루의 야자나무가 있었다. 하인은 매일 아침 150통의 야자열매술을 받아다 나에게 가져다주었는데, 오후 두 시가 되기 전에 나는 그 술을 몽땅 마셔버렸다. 그러면 하인은 또 가서 75통의 술을 다시 받아다주었고, 나는 아침이 올 때까지 그 술을 마셨다. 그래서 친구들이 수없이 모여들었는데, 그들은 아침부터 밤늦게까지 나와 함께 야자열매술을 마시곤 했다. 그런데 그 하인이 나를 위해 야자열매술을 담그기 시작한 지 15년이 지났을 때, 우리 아버지가 갑자기 돌아가시고 말았다. 아버지가 돌아가신 지 6개월이 된 어느 일요일 저녁, 하인은 야자열매술을 받으러 농장에 갔다. 농장에 도착해서 그는 가장 키가 큰 야자나무에 기어올라가 야자열매술을 받다가 별안간 나무에서 떨어지고 말았다. 그리고 그 상처 때문에 야자나무 아래에서 죽어버렸다. 하인이 야자열매술을 갖고 오기를 기다리던 나는 아무리 기다려도 그가 돌아오지 않자, 지금까지 한 번도 나를 그렇게 오랫동안 기다리게 한 적이 없었으므로, 내 친구 둘에게 함께 농장에 가보자고 했다. 농장에 도착해서 우리는 야자나무를 하나하나 둘러보다가 야자나무 밑에 떨어져 죽어 있는 그를 발견했다.

—《야자열매술꾼》에서

    코말라를 찾은 것은 페드로 파라모라는 내 친아버지가 이곳에 살고 있다고 들었기 때문이다. 어머니가 그것을 가르쳐주었다. 어머니가 돌아가시고 나면 반드시 그 사람을 찾아가겠다고 약속하는 뜻으로 어머니의 손을 꼭 붙잡아 드렸다. 어머니는 막 숨을 거두려 하고 있었다. 그래서 무엇이든 약속해 드리고 싶은 기분이었다. "꼭 찾아가야 한다"고 어머니는 내게 매달리듯이 말했다. "이것이 아버지의 이름이야. 너를 만나면 기뻐하실 거야." 그러자 나는 "아, 그래요" 하고 말할 수밖에 없었다. 그리고 그 말을 몇 번이나 되풀이했으므로, 나는 이미 차갑고 딱딱하게 굳어버린 당신의 손아귀에서 가까스로 두 손을 빼낸 후에도 한참 동안 똑같은 말만 중얼거리고 있었다.
    숨을 거두시기 전에 어머니는 이렇게도 말했다.
    "절대 구걸하듯이 말하지는 말아라. 우리 것을 돌려 달라고 말해. 그 인간은 나에게 당연히 주어야 할 것을 하나도 주지 않았으

니까…… 사람을 이렇게 버려두다니…… 알았니? 톡톡히 보상을
받아야 돼."
"알았어요, 어머니."
그러나 그 약속을 지킬 마음은 없었다. 느닷없이 밀려오는 꿈과
상상 속으로 빠져드는 이 순간까지는. 이리하여 내 어머니의 남편
인 페드로 파라모라는 사람의 주위에 하나의 세계가 형성되고 있
었다. 코말라를 찾은 것은 바로 이 때문이었다.

푹푹 찌는 날씨였다. 8월의 뜨거운 바람에는 선인장 썩는 냄새
가 배어 있었다. 길은 오르막과 내리막을 반복하고 있었다. "가는
가, 오는가에 따라 오르막이 되기도 하고 내리막이 되기도 하는 거
야. 가는 사람은 오르막, 오는 사람은 내리막."

"저 아래 보이는 마을 이름이 뭡니까?"
"코말라라오, 손님."
"저 마을이 정말 코말라인가요?"
"그렇다오, 손님."
"그런데 왜 저렇게 조용해 보이죠?"
"계절 탓이라오, 손님."

나는 어머니의 추억과 한숨의 여기저기에서 엿보이는 망향의 생
각을 통해 코말라를 보고 있는 듯한 느낌이 들었다. 어머니는 코
말라를 그리워하며 그곳으로 돌아가려고 생각은 했지만, 한숨만

쉬었을 뿐 끝내 돌아가지 않았다. 지금 어머니 대신 내가 그곳을 찾았다. 눈앞에 펼쳐진 광경을 바라보는 어머니의 눈은 이 나의 눈이다. "콜리모테스 고개를 넘으면, 다 익은 옥수수 색깔로 온통 누렇지. 아주 멋진 푸른 들판이야. 거기에서는 코말라가 보여. 푸른 들판 한가운데 거기만 새하얗지. 밤이면 희미하게 빛이 나는 것처럼 보여" 그러한 어머니의 목소리는 혼잣말을 하듯이 조용히 사그라지고 있었다······ 나의 어머니. ─《페드로 파라모》에서

　두 작품 모두 겨우 이만큼의 인용만으로 이른바 '문학'과는 굉장히 촉감이 다르다는 것을 알 수 있을 것이다. 갑자기 시간과 공간의 감각이 제멋대로 날뛰고 인간의 심리가 대단히 심플하다고 할까, 다른 원리에 의해 쓴 듯한 느낌을 받을 수 있다. 이것은 한편으로 이러한 이야기만으로도 소설이 될 수 있다고 하는 감동이기도 하다.
　밥 말리와 아모스 투투올라와 후안 룰포. 공통점은 세 사람 모두 따뜻한 지역에서 살았다는 것인데, 이것은 우연이 아니라고 생각한다. 이런 작품은 미국이나 유럽 등 이른바 '북반구'의 음악만을 듣거나 '북반구'의 소설만 읽는 사람들은 절대로 깨닫지 못하는 것을 가르쳐준다.
　예나 지금이나 소설을 쓰고자 하는 사람들 가운데에는 자국의 문학만을 매우 열심히 탐닉하는 사람이 많다. 그러나 인간의 사고란 아무래도 직접적인 체험이 바탕이 되기 때문에, 직접적인 체험을 뛰어넘을 수 없다는 결점 또는 한계가 있다. 그러

므로 자국의 문학 작품만 읽어서는 소설과 소설관을 상대화하는 것이 불가능하다. 여러 종류의 책을 읽고 지식의 폭을 넓혀야 한다. 그래야만 다양한 사고라고 믿었던 것이 실은 좁은 틀 안에서의 한정된 순열조합에 불과했다는 것을 깨달을 수 있고, 그 틀을 벗어날 수 있다.

그저 앉아만 있어서는 상대화하기 위한 방법을 생각해낼 수 없다. 차라리 외부에서 얻는 편이 훨씬 빠르며, 강렬한 것 또한 많다. 어쨌든 인간은 언어와 지식, 그리고 경험을 어렸을 때부터 쭉 외부로부터 받아왔다. 그리고 성인이 되어서도 결국 외부에서 얻지 못하면 아무것도 생각해낼 수 없는 존재이다.

철학은 소설을 쓰는 데 유용할까?

소설을 쓰고자 하는 사람에게 외부로부터 주어지는 것, 그 가운데에는 철학도 있다.

실제로 제임스 조이스나 마르셀 프루스트, 무질(오스트리아의 소설가. 소설 〈사관후보생 퇴를레스의 망설임〉$^{Die\ Verwirrungen\ des\ Zrless}$ (1906)이 호평을 받은 것을 계기로 작가의 길을 택하였다_옮긴이)과 같은 위대한 소설가는 물론 철학 서적을 읽었으며, 철학자라도 문학 작품을 사색의 원천으로 삼고 있다. 그러나 문학과 철학의 관계를 글로 설명하기는 어렵다. 아니, 어렵다기보다는 보통 생각하는 '관계'라는 개념 자체가 다르다.

소설을 쓸 때에, 철학이 힌트가 될까. 그렇지는 않다. 하물며 소설의 소재는 더더욱 될 수 없다. 나아가 소설을 쓴다는 한정된 목적을 제거하고 철학 서적을 읽으면 인간으로서 세계관이 넓어질까. 나는 그것 또한 아니라고 생각한다.

'발상이 풍부'해지거나 '참신한 시점'을 얻을 수 있는 것도 아니다. 그러한 사고방식은 하나같이 '생활의 지혜'의 수준을 벗어나지 못한다. 옛날이야기나 아이들의 동화책에는 어려운 문제를 척척 해결해주는 척척박사 할아버지가 등장한다. '세계관이 넓어진다', '발상이 풍부해진다', '참신한 시점을 얻을 수 있다'라고 철학을 평가하는 것은 철학을 척척박사 할아버지라고 생각하는 것과 비슷한 수준이다.

지금의 사회는 '유용하다/유용하지 않다'라는 가치관이 넓고 깊게 침투되어 있어서, 어떠한 평가나 찬사도 모두 이 문제로 수렴되어버릴 위험이 있다. 그러므로 철학은 그러한 것과 근본적으로 다르다고 이해하지 않으면, 내가 무슨 말을 하건 아무런 소용이 없을 것이다. 여기에서 내가 철학에 대해 하는 말은 간단한 소묘 정도에 불과하지만, 철학이 지니고 있는 느낌만은 얻을 수 있으리라고 생각한다. 그것은 소설을 쓰는 데도 꼭 필요한 것으로서, 이것이 있으면 앞에서 이야기한 '상대화'가 쉬워진다고까지는 할 수 없어도, '상대화'를 위한 자세 하나를 갖출 수 있다.

소설에도, 철학에도 '해답'은 없다

　일반적으로 널리 퍼져 있는 철학에 대한 오해 가운데 하나가 '철학은 해답을 찾기 위해 논리적으로 따지는 학문'이라는 생각이다. 하지만 철학 서적에는 '해답'이 적혀 있지 않다. 이 말을 듣자마자 낙심하여 철학 서적은 이제 읽지 말아야겠다고 생각하는 사람은 철학 서적을 읽는 데 어울리지 않을 뿐만 아니라 소설을 쓰는 데도 어울리지 않는다. 왜냐하면 소설이라는 표현 형식 또한 철학과 마찬가지로 '해답'을 쓰기 위해서 존재하는 것이 아니며, 소설의 해답은 최초의 일행에서부터 최후의 일행에 이르기까지 전체로서 제시되기 때문이다.

　예를 들어 《잃어버린 시간을 찾아서》에서는 마지막 장인 '다시 찾은 시간'의 후반부가 이 기나긴 소설의 에센스라고들 흔히 말하지만, 그렇다고 이 부분만을 읽고 나서 《잃어버린 시간을 찾아서》를 다 읽었다고는 할 수 없다. 《잃어버린 시간을 찾아서》를 읽는다는 것은, 한 사람의 인물이나 하나의 배경을 생각해내고, 그를 둘러싼 시각·청각·후각 등의 모든 기억을 기록해 나가면서, 그 기록을 통해 좀 더 많은 기억을 다시 불러 모으는, 프루스트 특유의 기억(시간·과거)의 상기 방식을, 독자 자신이 책을 읽어 나가면서 훈련하는 것이다. 결론처럼 놓여 있는 '다시 찾은 시간'이 무엇인지를 아는 것이 이 책을 읽는 목적은 결코 아니다. 문제는 '다시 찾은 시간'에 이르는 과정 전체이다.

　철학도 온전히 이와 같다. 철학이란 사고를 거듭해가는 것이다. 그러나 마지막에 '해답'이 적혀 있기 때문에 마지막을 향해 사고해 나가는 것이 아니라, 그 사고의 과정 전체가 바로 해답이라고 할 수 있다.

철학 경구에 구애받지 말자

 '해답'과 비슷한 것으로, '나는 생각한다. 고로 존재한다'라든가 '신은 죽었다'와 같은 명제 또는 유명한 경구가 있다. 대개의 철학자는 이런 명제나 경구들을 통해 기억되고 있지만, 이러한 것들도 '해답'과 비슷할 뿐 의미는 없다.
 '나는 생각한다. 고로 존재한다'라고 할 때, 여기에서 '나'란 어떠한 것일까? 공부를 하고, 선생님께 칭찬을 받고, 일류 대학을 나와서, 일류 기업에 취직하고, 세계적인 명예와 재산을 획득하는 것이 인생의 전부이고, 아프리카나 아시아의 기아나 근처에 버려진 고양이에게조차 아무 관심도 없는 '나'와, 테레사 수녀처럼 가난한 지역에서 기아나 질병, 빈곤을 구하려고 애쓰는 '나'는 전혀 다르다.
 여기에서 독자가 "애당초 테레사 수녀였다면 '나는 생각한다. 고로 존재한다'와 같은 말은 부정했을 거야. 테레사 수녀라면 '그리스도가 영원하기 때문에 나도 존재한다'라고 말했을 거야."라고 생각했다면 데카르트의 이 말은 만능성을 잃게 될 것이다. 그러나 데카르트는 니체나 칸트 이전의 철학자였다. 그렇다면 데카르트의 '나'는 전자의 이기적인 '나'보다는 테레사 수녀의 '나'와 더 가까울지도 모른다……

현대인이 '나는 생각한다. 고로 존재한다'라는 말을 들으면, '이 세계가 이렇게 내 눈에 비치는 것은 내가 살아 있기 때문이다. 내가 죽어버리면 이 세계가 계속될지, 아니면 사라져버릴지 나로서는 확인할 수가 없다. 그러므로… '라는 식으로 생각하지 않을까. 어쨌든 이것은 데카르트의 생각과는 전혀 다르다(이런 터무니없는 생각에 사상적 근거를 두었던 철학자는 한 사람도 없었다).

결국 명제나 유명한 경구 자체에는 별 의미가 없다. 철학에는 전체적인 사고의 과정이 있을 뿐이다.

좀 더 극단적인 예를 들어보자. 프로이트(그는 심리학자가 아니라 철학자이다)의 《꿈의 해석》에는, 성기의 상징에 관한 여러 이야기가 나온다. 이에 따르면 꿈에 나오는 지팡이는 남성의 성기를 상징한다. 하지만 지팡이가 남성의 성기를 상징한다는 이 야기만 따로 떼어놓고 보아서는 아무런 의미가 없다. 이러한 지식은 정적일 뿐만 아니라 본래의 역동성을 빼앗긴 지식이다. 따라서 '사전적 지식'이라고 부를 수 있다. 어휘나 개념이 아무리 풍부하게 담겨 있는 사전이라 하더라도, 끊임없이 어휘의 숫자를 늘리고 개념을 다른 개념으로 교체하더라도, 사전이 독자의 사고 기반을 바꾸지는 못하기 때문이다.

프로이트의 《꿈의 해석》을 읽어보면, 지팡이를 단순히 남성의 성기라고만 해석할 수는 없다는 것을 알 수 있다. 프로이트 이

전에는, 인간은 의식이 전부라고 믿어졌다. 의식이 무의식에 의해서 끊임없이 왜곡되고 있다는 생각은 아무도 하지 않았다. 그러나 실제로는 나를 '나'라고 생각하는 의식은, 격심하게 파도가 치는 수면 위에 떠 있는 뗏목과 같이, 무의식 위에 떠 있는 불안정한 것에 지나지 않는다.

내가 지금까지 쓴 글을 읽고 '뭐야, 간단히 할 수 있는 말이잖아? 한 마디로는 못 해도 100자나 200자면 충분하잖아?' 하고 생각하는 사람이 있을지도 모른다. 하지만 여기에서 잠깐 곰곰이 생각해보기 바란다.

그렇게 생각하는 당신은, 내가 지금까지 한 이야기가 바로 당신에게 하는 말이라는 것을 알고 이 글을 읽고 있었는가? 아니면, 단지 일반론으로서 또는 잘난 체하는 사람을 향해 "나를 '나'라고 생각하는 의식은, 격심하게 파도가 치는 수면 위에 떠 있는 뗏목과 같이, 무의식 위에 떠 있는 불안정한 것에 지나지 않아요."라고 말하는 것이라고 생각했는가?

'지팡이는 남성의 성기'라는 사전적인 지식은 널리 알려져 있다. 그러나 《꿈의 해석》을 조금 읽어보고는, 간밤에 꾼 꿈에 대해 이야기하는 친구에게, "그것은 네가 한번 하고 싶다는 소원이 꿈으로 나타난 것이야."라고 아는 체하는 것으로 확대될 뿐, 자기 자신의 꿈에 대해 이런 생각을 하는 경우는 거의 없을 것이다.

철학은 특정한 개인이나 집단을 비판하기 위해서 쓴 것이 아니다. 자신도 포함한 전체를 대상으로 쓴 것이다. 철학책 조금 읽고 경구만 말하고 싶어 하는 사람들은 하나같이 자신을 향해 그 말을 하지는 않는다('나는 생각한다. 고로 나는 존재한다'를 자기 편한 대로 해석해서 말하는 일은 있지만).

'아무도 본 적이 없는 것'을 그려낸다

그럼 지금부터 철학책을 읽는 진정한 의미에 대해 알아보자.

'나', '인간', '세계'라는 말이 나오면, 독자들은 이 말들을 '형체가 있는 것'으로서 읽는 것이 아닐까? '형체가 있는 것'으로서 읽는다는(생각한다는) 것은 바꾸어 말하면 '외부에서 본다'는 뜻이다.

앞으로는 철학과 함께 자연과학에 대해서도 이야기를 할 것이다(두 가지가 거의 비슷하기 때문에). 먼저 태양계의 그림과 원자핵 주위를 전자가 돌고 있는 그림을 생각해보기 바란다.

태양이 있고, 그 주위에 수성, 금성, 지구, 화성 등이 그려져 있고, 각 행성의 궤도가 선으로 그려져 있다. 그러나 태양계의 이런 모습은 지금껏 아무도 눈으로 본 적이 없다. 앞으로 수백 년이 흐르더라도, 인간이 태양계의 실제 모습을 한눈에 바라보는 일은 없을 것이다. 해왕성에다 수많은 소행성들을 포함한 태양계는 엄청나게 광대하다. 그것을 한눈에 바라볼 수 있는 장소까지 간다면(무엇인가를 타고 날아갔다고 치자), 각각의 행성들은 작은 점으로 보이거나, 그 사이에는 태양계 외부의 별들까지

잔뜩 있어서 방해가 되므로 한눈에 볼 수 있는 방법은 절대로 없을 것이다.

결국 이 유명한 태양계의 그림은 한눈에 볼 수 있도록 나타낸, 나아가 변형시킨 모델에 지나지 않는다. 이러한 태양계의 모습을 도출한 사람(코페르니쿠스나 케플러)은 물론 태양계를 직접 보고 그린 것이 아니라 계산해서 도출해낸 것이다.

원자핵 주위를 전자가 돌고 있는 원자 그림은 이 태양계의 모델을 다시 모델로 하여 그린 것이다. 당연히 이것 또한 그 누구도 본 일이 없다. 애당초 전자라는 놈은 행성처럼 한 장소에 있다고 할 수도 없으며, 있다고 하면 있고 없다고 하면 없는 존재이다. 그래서 최근에는 전자 그림을 점이 아니라 구름이나 안개처럼 그리는 일이 많다. 중요한 것은 그런 표현상의 세심한 연구에 감동하는 것이 아니라, 전자가 계산 속에서만 존재한다는 것을 아는 것이다.

이런 강의가 계속되면, 지겨워하거나 안절부절못하는 사람이 있을지도 모르지만, 이 아무도 본 적이 없다는 사실이 철학책을 읽을 때뿐만 아니라 소설을 쓸 때에도 대단히 중요하다.

전체적으로 본다는 것의 의미

우리는 '나', '인간', '세계'를 실제로 본 적이 없다.
나는 분명히 지금 여기에 있지만, 그것은 '나'가 아니다. 여러 가지 경험을 하고 여러 가지 기억을 갖고, 여러 가지 취미가 있고, 여러 가지 계획이나 희망을 지니고 있는 '나'는 지금 여기에 있는 나라는 모습만으로는 알 수가 없다. 즉, '나'는 나 자신을 포함하여 아무도 본 적이 없다.

'인간'이나 '세계' 또한 그렇다. 사람은 아무도 '나', '인간', '세계'를 외부에서 본 적이 없다. '사랑'이나 '자유' 또한 당연히 그러하다. 이 가운데 어느 것이든 아무도 본 적이 없다.

사람들은 어떤 현상을 모델화(간략화)하여 이야기할 줄 아는 사람을 '머리가 좋다'고 한다. 하지만 그런 능력이 그리 대단한 것은 아니다. 또 회사 같은 데서는 기획안을 플로차트처럼 작성할 줄 아는 사람을 '머리가 좋다'고 하지만, 그것도 당연히 대단한 것은 아니다. 중요한 것은 아무도 본 적이 없다는 사실을 아는 것이다.

카프카의 소설을 예로 들어보자. 카프카의 《심판》을 아무리 꼼꼼히 읽어보아도 요제프 K가 다니는 은행의 조직도는 전혀 나와 있지 않다. 《성》의 지도 또한 전혀 그려져 있지 않다. 《변신》을 보더라도 그레고르 잠자가 어떻게 변했는지 그 모습을 독자는 정확하게 그려낼 수 없다. 카프카가 뛰어난 점은 이렇게 대상을 외부에서 바라본다는 발상을 전혀 하지 않았다는 점이다.

'외부에서 보는 것'또는 '부감俯瞰(높은 곳에서 아래를 내려다봄)하는 것'은 인간의 인식에서 빼놓을 수 없는 능력임에 틀림이 없다. 하지만 빼놓을 수 없는 능력이기 때문에 우리는 우리도 모르게 이런 능력을 여기저기에 함부로 사용하고 있다.

 역에서 집까지의 지도를 그리는 것은 물론 부감하는 것이다. 역사 수업에서 배운 연표도 시간을 부감하는 것이다. 이 책의 첫 머리에서 '어머니의 어머니의 어머니가 태어나기 전'이라고 답했던 M도 연표가 무엇을 의미하는지는 알고 있었을 것이다. 그러나 M은 그 연표 속에 자기 자신이 살고 있는 시간까지 포함되어 있다고는 생각하지 못했을 것이다. M에게 '옛날'이란 부감할 수 있는 것이 아니라, 나무가 울창한 숲의 반대편에 있는 것이었을지도 모른다. 누구에게나 자기 자신이 살아간다는 것은 실은 그러한 것일 것이다.

 그러나 의식에 대한 프로이트의 정의(의식과 무의식의 관계)를 자기 자신에게도 해당되는 정의로 이해하지 않고, 단지 일반론으로만 이해했던 사람은, 부감을 통해 자기만 살짝 빠져나간 것이라고 보아야 하지 않을까.

내가 살아가는 세계

 사람들이 철학책을 어렵게 생각하는 근본적인 이유는, 철학이 '나', '인간', '세계'를 부감하기를 거부하는 데서부터 사색을 시작하기 때문이 아닐까 하고 나는 생각한다.

 철학자는 그것들이 부감할 수 없는 대상이기 때문에 사색을 하는 것이다. 그러므로 사색에 필요한 전체 과정만 '해답'이 될 수 있다. 한 권의 책을 다 읽은 뒤에 그 전개 과정을 모델로 만들어 보여주는 것은 가능할지도 모른다. 하지만 모델로 만든다는 것은 이미 부감을 하는 것이기 때문에 원래 부감할 수 없는 대상에 대해 부감하지 않고 사색하는 과정 전체를 알 수는 없다(이 점은 매우 중요하므로 충분히 음미하기 바란다).

태평양 전쟁이 끝난 뒤의 우스갯소리로(그래도 그 사이에 있었던 실화이겠지만), 그때까지 '조국을 위해서'라고 군국주의 교육을 시키고 있던 교사가 학생들에게,

"오늘 함께 보러 갈 영화는 민주적이고 재미있는 영화이기 때문에 모두 얌전히 재미있게 보도록, 알았나?"

하고 명령했다는 이야기가 있다. 사고의 기반이 바뀌지 않는 사람은, 사전적 지식이나 경구가 바뀌었더라도 '재미있게 보도록'하고 여전히 명령을 내리는 군국주의 교사와 같다.

외부에서 보는 능력 또는 전체적으로 내려다보는 능력의 자연스런 연장이 모델로 만드는 능력이다. 모델로 만드는 능력이 아무리 뛰어나다고 해도 거기에 질적인 차이는 하나도 없다. 인간이 인간으로서 마음속 깊은 곳에서 알고 싶다고 생각하는 것은 모두 외부에서 보는 것이 불가능하다. 다시 말해 인간이 자신의 밖에 서서 자신의 마음에 대해 이야기할 수는 없다. 이것을 아는 것이 철학의 출발점이고, 소설 또한 이 점에서는 완전히 마찬가지다.

여기까지 읽고 나면, 앞에서 말한 '유용하다/하지 않다'라는 가치관이 얼마나 사소한 것인지 알 수 있을 것이다. '유용하다'

는 것은 인간이 할 수 있는 여러 가지 생각 가운데 극히 일부에 지나지 않기 때문이다.

만일 지금 내가 몹시 끈질긴 영업 사원에게 이런 이야기를 했다면 그는 "결국 철학은 유용하지 않은 거군요" 하고 말할지도 모른다. 그러나 이 책의 독자는 그런 지독한 사람은 아닐 것이므로, 이제 더 이상 철학책을 읽을 필요성('필요성'이라는 말도 지나치게 가벼운 것이지만)은 강조하지 않아도 될 것이다.

철학은 사회적 가치관이나 일상적 사고 양식을 포괄하고 있다. 소설(폭넓게 '예술'이라고 해야 하겠지만, 여기서는 굳이 '소설'이라고 하자)도 사회나 일상에 대해 철학과 같은 위치에 있고 과학도 같은 위치에 있다. 다시 말해 철학과 과학, 소설 이 세 가지 안에 사회와 일상이 포함되어 있다. 그 반대는 아니다.

그러므로 소설은 일상적 사고 양식 그대로 씌어서는 안 되며, 일상적 사고 양식 그대로 읽혀서도 안 된다. 일상이 소설의 좋고 나쁨을 결정하는 것이 아니라, 소설이 광원이 되어 일상을 비춘다. 그리고 흔히 사용되는 미의식이나 논리의 모습 또한 소설이 만들어간다. 첫 장의 끝부분에서도 비슷한 말을 했는데, 소설을 쓰기 전에 이것만큼은 절대로 잊지 말기를 바란다.

3

무엇을 쓸 것인가

주제로부터의 해방

주제는 소설의 운동을 방해한다

중학교 1학년 가을, 국어 수업 시간에 《도련님》을 읽었을 때가 생각난다. 《도련님》은 국어 교과서에 실려 있었는데(부분만 실려 있었는지 전체가 실려 있었는지는 생각나지 않는다), 그 장의 학습 안내문으로 '이 소설의 주제는 무엇인가?'라는 설문이 나와 있었다. 당시 나는 '주제'나 '테마'라는 말의 의미조차 모르고 있었지만, 어쨌든 수업 시간에 배운 해답은 '도련님과 기요, 헤어지는 두 사람의 마음의 교류'라는 것이었다!

그러나 그 답에서는 '빨간 셔츠에 대한 혐오감'도, '산태풍에 대한 호감'도, '메뚜기 장난의 재미'도 모두 어디론가 사라져버린다고 나는 생각했다. 설령 주제를 '정의감 넘치는 다혈질 청년의 눈을 통해 본 인간관계' 또는 '지방 도시의 답답함'이라고 해보아도 마찬가지다. 이런 것뿐만 아니라, 마돈나에 대한 동경도 있고, 마지막으로 악당에게 벌을 주는 통쾌함도 있는 것이 《도련님》이다. 줄거리만 달랑 떼어놓고 보아서는 《도련님》을 읽는 재미가 전혀 전달되지 않는다.

소설이란 본질적으로 '읽는 시간', 현재 진행형의 '읽는 시간' 속에만 있다는 것이 나의 소설관이다. 주제라는 것은 다 읽고 난 뒤에 편의상 정리하는, 작품의 한 측면에 지나지 않는다.

학교 수업은 성장기에 여러 가지 형태의 사고력을 기르는 트레이닝 시스템이다. 그러므로 그 과정에서 소설을 읽고 주제라고 하는 소설의 한 측면에 대해 생각해보는 것은 결코 쓸데없는 짓은 아니다. 하지만 '소설의 풍요로움'이란 주제처럼 간결하고 이지적인 표현만으로는 충분히 나타나지 않는다. 무성한 푸른 잎 사이사이에 나무의 줄기나 가지가 숨어 있는 것처럼, 간결한 말로 설명할 수 있는 요소가 차례차례 이어지는 디테일을 독자가 따라가다 보면, 더욱더 깊숙이 빠져드는 데 소설의 풍요로움이 있다(이 '소설의 풍요로움'이란 매우 중요하다).

시각을 달리 해서 말하면, 무성한 푸른 잎 사이사이에 숨어 있는 줄기나 가지를 상상하는 것이 주제에 대해 생각하는 것이기도 하다. 그러므로 주제에 대해 생각하는 것은 작가가 아니라 독자이다.

굳이 작가 입장에서 이야기하자면, 주제는 쓰기 전에 미리 생각해두어야 할 것이 아니라, 써 나가는 과정에서 '그러고 보니 나는 이런 것도 생각하고 있었군' 하고 생각하는 정도의 것이다. 그러므로 주제는 결국 쓰면서 여러 가지 것을 생각한다는 정도의 의미이기도 하다. 주제와 같은 것을 사전에 정해두면, 작품이 갖는 자유로운(막힘 없는) 운동을 방해받게 된다.

작품의 리듬에 몸을 맡기는 사람이 뛰어난 작가이다

작품에는 작품 고유의 운동이 있다. 바꾸어 말하면, 그 나름의 고유한 운동을 가질 때에 지금 쓰고 있는 것이 '작품'이 된다.

되풀이해서 말하지만, 이것은 소설에만 한정되지 않고, 음악이나 그림에서도 마찬가지다. 축구나 야구와 같은 스포츠에서도 그렇고, 바둑이나 장기와 같은 게임에서도 그러하다. 진행하고 있는 작품(경기)의 흐름을 작가(선수)의 의도에 따라 간단하게 바꿀 수는 없다. 작가(선수)는 그 작품(경기)의 고유한 운동에 몸을 맡기는 수밖에 없다. 달리 말해서, 가장 순수하게 그 고유한 운동에 몸을 맡길 수 있는 사람만이 가장 뛰어난 작가(선수)가 될 수 있다(그러나 이 말이 작품[경기]이 시작되고 나면 작가[선수]는 아무것도 생각하지 않고 가만히 있어야 한다는 뜻은 아니다. 오히려 상황에 따라 사전에 계획했던 것을 끊임없이 변경시켜 가야 한다는 뜻이다. 그러므로 사고나 오감을 계속해서 완전히 열어두어야 하기 때문에 긴장을 늦출 틈이 없다. 그러나 이것이야말로 작품[경기]이 갖는 가장 큰 즐거움이다).

이것이 나의 기본적인 작품관이다. 얼마 전에 NHK에서 방송된 재즈의 역사에 대한 프로그램을 보고 있자니, 이러한 나의 방식이 재즈에서 말하는 '모드 주법'과 가깝다는 생각이 들었다.

모드 주법이란, 2장에서 잠시 이야기했듯이 마일스 데이비스와 길 에번스가 창안한 주법이다. 그때까지의 주법은 코드 주법이라고 부르는 주법이었다. 코드 주법에서는 코드가 C에서 G로 가는 것은 괜찮지만, A로는 갈 수가 없다는 등 여러 가지 규칙이 있고 그 제약 아래에서 즉흥 연주를 한다.

코드 주법의 천재라고 불렸던 사람이 찰리 파커였다. 그는 누구보다도 빨리 코드를 전환하면서 초인적인 플레이를 들려주었다. 그럼에도 여전히 코드 진행에 제약이 있다는 것에는 변함이 없고, 그것이 재즈로부터 자유를 빼앗고 있다고 생각한 것이 마일스와 길의 공동 발상이었다. 그래서 그들은 (극히 거칠게 이야기해서) 코드라는 개념을 버리고 어떤 음계만 결정하면 소리는 자유롭게 내도 좋다고 하는 모드 주법을 고안해냈다.

소설을 쓸 때, 나는 등장인물과 그들의 인간관계, 그리고 장소를 결정하고 나면, 그 이후에는 주제 따위는 생각하지 않고 쓰기 시작한다. 이것은 모드 주법과 상당히 비슷한 데가 있다고 생각한다. 그러나 주제가 없다고 해서 아무 생각도 할 필요가 없는 것이 아니라 생각할 것이 오히려 더 많아지게 된다.

소설의 색인표에 '주제'라는 난이 있어서, 거기에 무엇인가 그럴듯한 키워드를 써 넣지는 않더라도, 평소에 생각하고 있는 것 (예를 들어 '세계란 무엇인가?', '생명이란 무엇인가?'라는 질문들)은 산더미처럼 많으므로 그것들을 전부 소설 속에 집어넣을 수도 있다. 아니면 소설을 쓰면서 그것들 가운데에서 여러 가지 것을 고를 수 있으므로 선택의 범위를 일거에 넓힐 수도 있다.

이미 이야기했듯이, 소설 작품 하나하나는 쓰는 사람 자신이 성장하기 위한 것이어야 한다. 그러기 위해서는 지금 자신 속에 있는 것을 모두 쏟아 넣을 필요가 있다. 적어도 그렇게 마음을 먹고 쓰지 않으면 의미가 없다. 그러므로 '주제'라는 틀의 설정은 작품을 완성하는 데는 편리하겠지만, 쓰는 사람의 사고나 감수성이나 기억의 발로에 제한을 가해버린다는 점에서 커다란 마이너스가 된다.

주제 대신 '규칙'을 만든다

'주제 따위는 생각하지 않아도 된다'고 말하면 곤란한 표정을 짓는 사람들이 많을 것이다. 여기서 나 자신의 작품을 예로 들어 주제를 대신할 수 있는 것이 없는지 생각해보기로 하자. 나 자신의 작품을 예로 드는 것은 내가 쓴 소설이 톨스토이나 프루스트, 카프카의 작품처럼 뛰어나다고 생각해서가 아니다. '나의 작품을 어떻게 쓰게 되었는지에 대해서 상세히 알고 있다'는 의미에서 편리하고 신뢰할 수도 있기 때문이다(이것이 실제 작가가 이끌어가는 '소설 창작법'의 장점일 것이다).

내 데뷔작인 《플레인송》은, 만일 내게 돈이 있다면 내 주위에 친구들을 살게 하거나 영화를 찍고 있는 친구에게 자금을 제공할 수 있겠다는 생각이 어느 날 문득 들어서 쓰기 시작한 소설이다.

다만 그것만으로는 소설이 될 수 없겠다고 생각하고, 나는 주제 대신 '규칙'을 설정하기로 했다. 왜 하필 '규칙'이었을까. 이것은 내가 원래 이과식의 발상을 하는 인간이기 때문이라고 생각한다. 예를 들어 수학에는 초등 수학에서부터 고등 수학에 이르기까지 모두 규칙이 있다. 그리고 어떤 난해한 수학이라도 그 규칙에 따라 구축되어 있다. 소설도 그것과 마찬가지로 쓸 수 있다고 생각했다.

《플레인송》에서는 다음과 같은 규칙을 설정했다.

첫째는 '슬픈 일은 일어나지 않는 이야기로 한다'는 것.

이유는 '문학은 뭔가 부정적인 것(사건, 심리…… 등)'이어야 한다는 관념이 싫었기 때문이다. 그런데 써 나가는 과정에서 인물이나 사물에 대해 서술하는 글 자체가 거의 자동적으로 불행의 예감(또는 징조)을 불러일으킨다는 것을 깨달았다.

예를 들어 "자, 그럼 다음에 또……"라고 말하고 그는 가버렸다. 이렇게 쓰기만 해도, 앞으로 이 소설에서는 '자, 그럼 다음에 또……'라는 말이 두 번 다시 나오지 않을 것 같은 느낌이 든다. 소설에는 이런 부정적인 '자기장磁氣場' 같은 것이 있다는 것을 소설을 써 나가는 도중 점점 더 확실하게 알게 되었다. 그래서 '슬픈 일이 일어나지 않게' 하는 데서 더 나아가 '슬픈 일이 일어날 듯한 기미마저 느껴지지 않도록 글을 쓴다'고 하는 식으로 이 규칙은 점점 더 '첨예화'되어 갔다.

'슬픈 일이 일어날 것 같은 예감(또는 징조)'이 들도록 글을 쓰면, 독자 또한 반드시 그런 예감을 느끼게 된다. 그러므로 '문학은 뭔가 부정적인 것'이라고 여기는 관념을 벗어나지 못한다. 이런 의미에서 과거를 회상하는 식의 감상적인 소설은 쓰기가 매우 쉽다. 소설에는 원래 부정적인 자기장으로 가득 차 있기 때문에 무엇을 쓰더라도 간단하게 소설 같은 모양을 낼 수는 있다.

나는 그 자기장을 철저히 거부하는 싸움을 한 것이다. 그러나 그 결과는 얄궂게도, 대개의 독자에게는 내 소설이 단지 '평이'하다든지 '졸린 느낌'으로밖에 받아들여지지 않았다(그러나 이질적인 것을 들여온다는 것은 그런 것이기 때문에 어쩔 수가 없다).

비유를 사용하지 않는다

두 번째 규칙은 비유를 사용하지 않는다는 것이었다.

'쓸쓸한 겨울 거리를 휩쓸고, 지나는 바람이 내 마음에도 불어왔다'와 같이 비유를 사용한 구절에는 '문학적인 분위기'는 있어도 결코 '문학'은 아니다. 이러한 '문학적인 분위기', 곧 수사나 장식을 모두 제거하더라도 역시 뭔가 남는 것이 '문학'이다.

그래서 반은 필연적으로 '고양이를 고양이라고 쓴다'는 규칙, 즉 등장인물의 심리 상태를 설명하기 위해서 고양이 같은 다른 대상을 이용하지 않는다는 규칙도 생겨났다. 이것이 세 번째 규칙인지, 아니면 두 번째 규칙의 연장인지는 알 수 없다. 어쩌면 거꾸로 '고양이를 고양이라고 쓴다'는 것이 모든 것의 출발점이었을지도 모른다.

이 소설을 시작하기 전에, 기르고 있던 고양이가 디스템퍼(개를 비롯한 육식 동물들에게 나타나는 바이러스성 전염병. 사람으로 치면 홍역과 그 증상이 비슷하다_옮긴이)라는 중병에 걸려 죽을 뻔한 일이 있었다. 그때 내 고양이는 생후 8개월이었다. 새끼고양이가 디스템퍼에 걸리면 치유율이 낮다. 약 2주간의 치료 기간 동안 나는 몇 번인가 체념한 적이 있었다. 모두 체념하고 눈물을 흘리면서 나는, 나 자신이 불행을 앞에 둔 인간이 빠지기 쉬운 자기도취와 같은 상태에 빠져 있다는 것을 깨달았다.

간단히 체념해버린 나 자신도 싫었지만, 그러한 감정에 의해 지배받고 있는 자신이 더욱 싫었다. 그래서 나는 그때부터, 과장해서 말하자면, 그런 감정은 철저히 무시하고, 치료만을 생각하려고 노력했다. 그 결과, 고양이는 회복되었고, 나는 무엇에 대해서인지는 모르지만 감사하는 마음으로(그것이 '세계가 있다'라는 것이었는지도 모른다) 이것을 소설로 쓸 수 없을까 하고 생각하기 시작했다.

그러므로 '고양이를 고양이라고 쓴다'라는 것은 '비유를 사용하지 않는다는' 규칙이나 '슬픈 징조조차 느끼게 하지 않는다'는 규칙보다 먼저 있었던 것인지도 모른다. 어쨌든 이 전제 또한 처음에는 사람들로부터 전혀 이해되지 못했다. '고양이는 무엇을 표현하고 있는 것인가?'라든가 '고양이에게 좀 더 의미를 갖게 하는 편이 낫다'라든가, 다시 말해 '고양이를 반드시 등장인물의 심리 설명으로 묘사하라'는 의미의 말을 여러 사람으로부터 들었다.

고양이나 개를 등장인물의 심리 설명에 활용한 소설은 정말 많다. 예를 들어 내가 얼마 전에 읽었던 한 소설에는 들개의 새끼가 나온다. 이 들개 새끼는 인간이 쓰레기를 버리기 위해 파놓은 굴에 떨어져 죽어버리는데, 그 안타까움은 작중 인물의 안타까움과 완전히 일치하도록 그려져 있다.

나는 이런 뻔뻔스러운 장치에는 참을 수가 없다. '새끼를 도구로 이용해서는 안 된다!'고 생각한다. 이것이 소설이라면 또 모르되, 영화에서 행해졌다면 촬영에 사용된 그 개가 걱정이 되어 나는 이야기의 내용 따위는 어떻게 되더라도 상관없다고 생각하게 된다.

소설에는 반드시 어디에선가 현실과의 연결, 현실의 흔적, 현실의 냄새 같은 것이 없으면 안 된다는 것이 나의 지론이다.

현실 세계에서는 고양이가 인간의 마음의 메타포가 되는 일은 절대로 없다. 결국 고양이를 고양이라고 쓰지 않으면 소설이 현실과 연결되지 않는다. 물론 이것은 내가 고양이를 좋아하기 때문에 하는 말이다. 고양이에 그다지 관심이 없는 사람이 고양이에 대해 글을 쓰면 심리의 메타포라는 범위를 벗어날 수 없을지도 모른다. 그러나 그렇다고 하면 그런 사람은 고양이를 작품에 등장시켜서는 안 된다. 작품을 완성하기 편하도록 잘 모르는 사물이나 배경을 작품에 등장시켜서는 안 된다. 그런 식으로 제재를 고르는 한, 작품은 결코 작품 고유의 운동을 가질 수가 없기 때문이다.

현실과 연결되어 있는 소설이란, 예를 들면 현실에서 얽혀 있는 문제는 그 소설을 읽어보아도 역시 얽혀 있는, 그런 소설을 말한다.

이것은 '구원이 없는 소설'이라는 의미가 아니다. 독자가 현실과 소설을 넘나들면서 현실에 있는 문제를 소설 속에서 생각할 때, 현실에서 얽혀 있는 문제는 소설 속에서도 역시 얽혀 있는 수가 많다는 의미이다. 그러나 그런 소설을 읽고 난 다음에는, 얽혀 있던 문제가 소설을 읽기 전에 얽혀 있던 문제와는 분명히 이질적인 것이 되어 있을 터이다. 이런 수순을 밟아 나가지 않는 한, 얽혀 있는 문제가 진정한 의미에서 해소되는 일은 있을 수 없다.

만일 어떤 소설을 읽고 나서 얽혀 있는 문제가 해소되었다고 한다면, 그것은 현실에서 보이던 문제가 이제는 보이지 않게 되었다는 뜻일 것이다. 이것은 일종의 도피이자 일시적인 것이다.

'쓰기 어려운 것'을 쓴다

이제 조금 내 소설을 예로 들면서 '무엇을 쓸까?'에 대해서 생각해보자.

《플레인송》을 쓸 때부터 《고양이에게 시간이 흐르는》을 쓸 때까지의 5년 동안, 나는 거의 계속해서 이 규칙에 따라 소설을 썼다. 그리고 《고양이에게 시간이 흐르는》을 다 쓴 뒤, 이제 내 방식은 한계에 부딪혔구나 하고 생각했다(원래 《고양이에게 시간이 흐르는》은 슬픈 이야기이긴 하지만).

그래서 《계절의 기억》을 쓰기 시작할 때에는, 소설에 등장하는 인물의 마음의 메타포로 삼지는 않았지만, 중요한 제재로서 고양이를 등장시키는 일도 그만두기로 했다. 그 대신 '풍경'을 많이 쓰려고 생각했다.

《계절의 기억》은 무대가 가마쿠라鎌倉(일본 가나가와神奈川 현 미우라三浦 반도에 있는 도시. 기후가 온화하고 경치가 아름답다_옮긴이)이기 때문에, 소설을 현실에서 멀리 떼어놓지 않는다는 의미에서도 풍경은 절대적으로 중요한 요소였다. 그러나 앞에서 말한 고양이와 '슬픈 일은 일어나지 않는다'의 관계처럼 여기에서도 풍경을 쓰고자 했던 동기를 찾아보면, 무엇이 먼저였던가는 나 자신도 분명하지 않다. 《계절의 기억》을 쓰기 시작하기 얼마 전부터, 나는 어렸을 때부터 대학을 졸업할 때까지 살았던 가마쿠라의 풍경을 '가마쿠라의 풍경이 이렇게 멋있었던가' 하고 재인식하고 있었기 때문이다.

그런데 실제로 풍경을 나타내려고 하면, 이것이 또 여간 어렵지 않았다. 처음에는 가마쿠라의 산에 대해 묘사하려고 했다. 그런데 막상 글을 써보니까, '산에 나무가 울창하게 브로콜리처럼 서 있고……' 하는 식으로 초등학생의 작문처럼 쓰는 수밖에 없었다. 산을 잘 관찰해보니까, 나무 한 그루 한 그루의 모습, 가지나 이파리가 달려 있는 모습, 무성한 상태 등 써야 할 요소가 많이 있다는 것을 알 수 있었지만, 나에게는 그것을 묘사할 만큼의 어휘나 어법이 없었다.

이것은 어쨌거나 나만의 문제가 아닌 듯했다. 그래서 다른 사람의 소설을 몇 권인가 읽어 보았지만, 풍경을 빈틈없이 잘 나타내고 있는 소설은 거의 없었다.

어쨌든 풍경을 나타내기 어렵다는 것은, 작가들이 지금까지 쓰기 어려운 것을 피해왔기 때문에 창작되지 않았음을 다분히 암시하고 있다.

쓰기 어려운 것을 쓰는 작업을 통해서, 마치 스포츠 선수가 고통스러운 훈련을 견디면서 자신의 실력을 키우듯이 소설가로서의 실력을 키울 수 있다, 이렇게 말하면 확실히 이해하기 쉬울 것이다. 그러나 쓰기 어려운 것을 쓴다고 하는 마음은 그러한 공리주의적(즉, 유용하다/하지 않다) 발상과는 다분히 다른 데에 있다.

소설이란 언어로 창작하는 것이다. 사용하는 도구는 철두철미 언어밖에 없다. 그러나 거기에서 사용되는 언어(소설어)는 인간이 사용하고 있는 언어의 전영역이 아니라, 극히 한정되어 있다. '영토가 좁다'고 해야 할까, '스펙트럼이 좁다'고 해야 할까, 아니면 '분류 항목이 너무 거칠다'고 해야 할까. 여러 가지로 이야기를 할 수는 있지만, 어쨌든 도구로서 아직 완성되어 있지 않아 용도가 좁다.

그 도구(소설어)의 용도를 넓히면(영토를 넓히면, 또는 분류 항목을 나누면……) 풍경 외의 것을 쓸 때에도, 작가인 내가 의식적으로 하지 않아도 이전의 글쓰기 방식과 다른 글쓰기 방식으로 바뀌지 않을까 하는 추측 또는 '예감' 같은 것이 생겨났다. 그리고 실제로 글을 쓰면서 그 예감이 점점 더 강해져 갔다. '풍경을 쓴다'는 것의 의미는 뒤에서 다시 이야기할 것이다.

쓰기 어려운 것을 쓰는 것은 분명히 많은 노력을 기울여야 하고, 시간도 많이 걸리는 일이다. 그러나 그 과정에서 소설가는 많은 것을 생각할 수 있고, 생각을 많이 함으로써 실력도 확실히 좋아진다. 여기에서 말하는 '실력'이란 단순한 '기술'이나 '테크닉'이 아니라, 쓰려고 하는 것이 생각대로 써지지 않더라도 쉽게 포기하지 않고, 참을성 있게 더 많은 시간을 들이고 더 많은 노력을 기울일 수 있게 된다는 뜻이다.

'쓰기 어려운 것'을 참을성 있게 쓰는 과정에서 소설이라는 것이 어떤 것인지 느낄 수 있다. 소설이라는 것이 어떤 것인지, 그 실제 내용을 언어로 표현하기는 쉽지 않다. 이것을 언어로 잘 표현할 수 있다면, 소설가와 평론가의 거리가 좀 더 가까워지고, 독자 또한 소설을 읽는 일이 좀 더 즐거워질 것이라는 생각은 든다. 하지만 딱하게도 나로서는 언어를 통해 효과적으로 나타낼 수가 없다. 어쨌든 '쓰기 어려운 것'을 씀으로써 진정으로 많은 것을 느낄 수 있으며, 그때문에 소설가는 소설을 쓰면서 성장할 수 있다. 이것은 넓은 의미에서 소설에 있어서의 '변경邊境'을 발견하는 것이라고도 할 수 있다.

'인간의 내면'이야말로 미지의 세계

조금 다른 이야기를 해보자. 20세기 전반의 소설은 지리적인 '변경邊境'을 씀으로써 활력을 얻고 있었다. 포스터의 인도, 에벌린 워(영국의 풍자 소설가)의 아프리카, 마르그리트 뒤라스의 인도차이나 등이 그 예이다. 1980년대에 일본에서 신인상을 수상한 소설들에 '해외 생활'이 많았던 것은 그 연장선에 있는 현상이었다고 할 수 있다. 그러나 지금은 이러한 지리적인 의미에서의 변경은 없어지고 말았다.

그럼 이제 '변경'은 어디에 있을까? 나는 오늘날의 변경은 '인간의 내면'이라고 생각한다.

'인간의 내면' 같은 것은 처음부터 문학의 제재가 아니었을까.

이런 말을 들었던 기억은 있다. 그러나 지금까지의 문학은 '인간의 내면'을 주어진 것으로 인정하고(즉, 이미 '있다'는 전제를 두고), '인간의 내면' 자체는 아직 손도 대지 않은 채, 그 산물인 사랑이나 질투, 삶의 등을 다루어온 것이 아닐까?

'유아기의 트라우마 등은 얼마든지 새롭게 문제가 되고 있지 않은가?' 하고 생각하는 사람이 있을지 모른다. 하지만 그것이 범죄자와 같은 특정한 인격에만 강제되고 있다는 것이 바로 아직 우리가 내면을 발견하지 못한 증거이다. 우리는 모두 유아기의 트라우마를 안은 채 살아간다. 이것이 우리의 평범한 모습이지만, 이 평범한 모습을 제대로 이해하고 있는 것은 아니다. 그리고 한편으로는 겨우 최근 10년 사이에 DNA, 아드레날린, 언어 중추, 해마⋯⋯ 와 같은 용어가 점점 더 널리 퍼지고 있는데, '인간의 내면'을 바르게 설명하지 않은 채, '기계화된 인간관'이 우리의 인간관을 침식하고 있다.

'인간의 내면'에는 손도 대지 않은 채, 우리가 흔히 사용해온 것이 바로 '자아'라는 개념이다. '자아'라는 함정이 준비되어 있는 한, 우리는 인간에게 주어진 운명을 멍하게 받아들일 수밖에 없다. '누구나 자아를 버리고 싶어 하지는 않는다'로 이야기는 끝나버린다.

여기에 과학적 개념이 들어와서 어떻게 되었을까? '인간의 질투심은 DNA에 기록되어 있다' 또는 '강자가 약자의 희생 위에 서서 힘을 휘두르는 것은 생물학적으로 자연스런 것이 아닐까'와 같이 어휘만 바뀌었을 뿐, '인간의 내면'은 사실상 그 이전과 같은 수준에서 손대지 않은 채 남아 있다.

한편으로는 '그날그날의 사람의 기분은 세라토닌(두뇌에서 생산되는 신경 전달 물질의 하나. 부족하거나 과잉되면 분노, 우울증, 자폐증 등의 이상 행동을 일으킨다_옮긴이) 등의 두뇌 물질에 의해서 결정된다. 본인의 의지로 어떻게 할 수 있는 것이 아니다(즉, 의지는 무력하다)' 하는 식으로, 인간을 부분의 기능으로 분해하여 설명하고 총체로서의 인간은 버리고 마는 인간관이 나타나고 있다.

이 두 가지 모두 인간에 대해, 그리고 인간의 내면에 대해 올바른 설명을 하고 있지 않다는 것은, 누구나 이론적 근거를 통해 비판하기는 어려워도 직관적으로는 알 수 있을 것이다.

소설에 필요한 것은, 이 과학적 개념에 스스로를 양도해버리지 않고, 직관에 의한 전통적인(?) 인간상과 과학적 개념에 의한 신기한(?) 인간상을 어떻게 연결 짓는가 하는 것이다. 과학적 개념 또한 이렇게 소설의 '변경'으로 나타나기도 한다.

지리적인 '변경'이 다룬 것이 '살아가는 일의 어려움', '다른 문화와 서로 이해하기의 어려움'이었다면, 현대 소설이 대상으로 삼아야 할 어려움(=변경)은, 과학적 개념과 직관을 연결시키기 어렵듯이, 그에 대해 쓰는 것 자체가 어렵다는 것을 내포하고 있다. 달리 말하면 '변경을 쓰는' 것이 문학이었던 시대로부터 '쓰는 것이 변경'인 문학으로 바뀌어 버린 것이다.

소설의 힘은 어떻게 생기는가

'무엇을 쓸까?'에 대해서 마지막으로 약간의 실천적인 힌트를 제시해두자. 다만 참고로 밝히자면, 이것은 내 방식은 아니다.

하나는 이미 사회에 있는 문제를 뒤쫓지 말라는 것. 이것은 노하우이기 이전에 마음가짐의 문제이다. 예를 들어 청년 실업, 노인 문제, 환경 파괴, 구조 조정 등이 사회 문제가 된 경우, 이러한 것들을 소설의 주제로 삼는 것은 너무 안이한 일이다. 신인상을 노리는 경우라도 이것은 한참 잘못된 작전이다(소설을 앞으로 계속해서 쓰려고 생각하는 사람이라면 더욱 잘못이다).

이들 사회 문제는 누구나 이미 충분히 알고 있는 것이다(바로 그렇기 때문에 '사회 문제'이다). 이런 문제들을 제대로 다루려면 근본적인 데까지 질문을 던져야 하며, 신인상 심사에서는 심사위원의 '또 이것인가……?'라는 첫 인상을 뒤집는 것도 몹시 힘들다.

소설에는 시대나 사회의 시각을 규정하는 힘이 있다. 이런 힘이 있으므로 사람들이 모르고 지나칠 뻔한 것을 알려주는 '시점을 창출'하는 힘이 있다. 그러므로 소설의 힘을 얕잡아보아서는 안 된다. 소설을 쓰고자 한다면 '무엇이 소설의 힘인지' 좀 더 생각할 필요가 있다.

만일 사회 문제를 주제로 삼는다면 사회 문제를 창출할 정도의 마음가짐이 필요할 것이다. 창출이 무리라면, 하다못해 학교 폭력이나 왕따 등에 대해 매스컴에서 명명하기 전에, 그 현상에 눈을 돌려 모두에게 알리기 위해 소설을 써야 한다(소설가란 지도자가 아니라 관찰자이다). 방법은 이것밖에 없다고 생각한다. 그리고 이것 또한 하나의 '변경'이기도 하다.

이러한 소설은 '사회적 약자'를 다루기는 하지만, 사회적 약자와 소설 속 약자는 다르다는 점에 주의하기 바란다. 왕따를 당하는 학생도, 직장을 잃은 청년도, 성 정체성 장애를 겪는 남성과 여성도, 세상에는 좀처럼 머무를 곳이 없는 사회적 약자이지만, 소설 속에서는 이미 머무를 곳이 주어져 있다. 즉, 그러한 사람들을 제재로 하면 소설을 쓰기 쉽다. 그러므로 그들은 이미 '소설 속 약자(소설 세계의 소수)'는 아니다.

그러나 세상에는 아직까지 사회적으로도, 그리고 소설 속에서도 머무를 곳이 없는 사람들이 있다. 그러한 사람들을 찾아낼 수 있다면, 그것만으로도 그 소설을 쓰는 의미가 있을 것이다……

그렇지만 소설이 사회적 약자를 마치 희귀동물 수집가처럼 낚고자 하는 풍토는 이제 슬슬 개선되었으면 하고 바란다.

두뇌과학에 의해 설명되는 인간의 구조, 그리고 '마음의 발생'과 같이 가장 당연하고도 근본적인 것이 전혀 해명되어 있지 않다는 점에서 알 수 있듯이(그래서 '변경'이다), 인간이 평범한 인간으로 존재할 수 있다는 것은 매우 불가사의한 일이다. 그러므로 앞으로 소설로 다루어야 할 제재는 이 '평범하다는 것의 불가사의함'밖에 없다고 나는 생각하는데……

인간을 다루는 이유

리얼리티란 무엇인가

소설은 왜 인간을 다루는 것일까?

의인화된 동물만 나오는 소설이나 동화를 예외로 봤을 때 인간이 등장하지 않는 소설이란 소설의 역사 속에서 지금까지 아마 한 작품도 없었을 것이다.

그러나 이것은 생각해보면 매우 불가사의한 일이다. 예를 들어 음악이라면, 처음에는 인간이 노래를 했을 것인데, 이윽고 악기만으로 연주하는 음악이 태어나게 되었고, 그림이라면 처음에는 예수나 마리아를 그렸을 뿐이지만, 풍경화가 되고 추상화가 되었다. 인간이 등장하지 않는 음악과 그림은 태어났는데, 왜 소설만은 여전히 인간이 계속해서 등장하고 있는 것일까?

이 세계에는 '내'가 있지 않아도 고통이 있다. 그러나 그 고통을 '고통'으로 아는 것은 인간이 있기 때문이며, 그 고통에 형체를 부여하기 위한 존재로서 소설에는 등장인물이 있는지도 모른다.

아니면 인간이 지니고 있는 정보량이 엄청나게 많아서, 마찬가지로 인간인 독자에게 전달하는 일종의 '장치'로서 인간 이상의 것을 인간으로서는 상상할 수 없기 때문인지도 모른다.

이것은 나 자신에게도 잠정적인 가설이므로 결론이라고 할 만한 것은 아니다. 그러나 소설을 쓰는 일은 이런 의문에 대한 해답을 찾는 것일지도 모른다고 생각하고 진행하는 작업이기도 하다.

'어떻게 쓸까?'에 관해 이야기하는 것이 아니라 '인간에 대해 쓰는 이유'를 따지고 있으니, 의아하게 여겨질 수도 있다. 하지만 소설을 쓰려고 할 때는 늘 이러한 소박한 의문을 가져야 한다고 나는 생각한다. 결과적으로 몇몇의 인간이 등장하는, 얼핏 보면 평범한 소설처럼 보이더라도, 이런 의문을 가지며 등장시킨 인물들은 지금까지의 소설에 나오는 인물들과는 어딘가 달라지기 때문이다.

'지금을 살고 있는 인간'을 다룬다

그런 의미에서 새삼스럽게 소설의 등장인물에 대해서 생각해 보면, 그 인물은 '지금을 살고 있는 인간'이어야 한다고 나는 생각한다.

당연한 이야기이지만, '지금을 살고 있는 느낌'은 단지 소설을 쓰는 테크닉만으로 만들어낼 수 있는 것이 아니며, 사회와 거기에서 살고 있는 인간의 상관관계를 보고 있지 않으면 나오지 않는다.

예를 들어 응모 소설들에는 이른바 '세련된' 대화를 나누는 젊은이가 많은데, 지금은 그런 대화가 오히려 촌스럽게 느껴진다. 왜냐하면 그 '세련된' 대화는 초기의 무라카미 하루키를 흉내 낸 것이고, '지금'은 아니기 때문이다. 원래 무라카미 하루키의 대화도 현실에는 없는 것이었다. 그런데도 독자가 그에 대해 위화감보다 스마트함을 느꼈던 것은 1980년대 전반의 일본인이 그러한 것을 동경하고 있었기 때문이라고 생각한다. 나아가 당시 사람들은 '이대로 일본이 미국화되어 간다면 그런 대화도 있을 수 있다'고 생각했는지도 모른다.

그러나 20년이 지난 지금 일본인의 대화는 '세련된' 것과는 거리가 먼, 아무 멋도 맛도 없는 것이 되어버렸다. 그 멋도 맛도 없는 현실의 대화(그리고 일본인)를 어떤 식으로 작품 속에서 표현할까, 또는 어떻게 다루어야 할까, 하는 것이 '지금을 살고 있는 느낌'이다. 소설 속의 대화를 스마트하다고 느꼈던 것은 '지금'이 아니다. 좀 더 한정해서 소설의 테크닉이라는 관점에서 생각해도, 초기의 무라카미 하루키는 이미 20년 전이었다.

소설 속의 '지금'이란 요즈음 시대에 어울리는 소도구를 사용하여 연출할 수 있는 것이 아니라, 좀 더 움직이기 어려운 상황 자체를 말한다. 가장 비근한 예가 휴대폰이다. 지금의 젊은이를 묘사하기 위해서 휴대폰을 등장시키고자 한다면, 휴대폰이라는 도구가 가져오는 인간 내면의 변화에 대해 먼저 생각해두어야 한다. 일상의 도구는 확실히 인간의 내면을 변화시키기 때문이다.

내가 받은 인상으로는, 그들(그녀들)은 약속을 하고 만나는 일에 서툴러졌다. 내가 아는 휴대폰 세대 편집자는 몇 번이나 약속을 하고서도 지정된 장소와는 다른 엉뚱한 장소에 나가 있곤 한다. 만나기로 약속한 두 사람이 휴대폰을 사용해서 서로 접근하는 방식에 지나치게 익숙해져 있기 때문에 정확한 목표 장소의 지정이 아무래도 잘 되지 않는다.

시각을 바꾸어 이야기해보자. 휴대폰 세대의 두 사람이 데이트 약속을 했다고 하자. 두 사람의 데이트는 약속 장소 근처에서, 그리고 약속 시간이 가까운 시점에서 얼굴을 맞대지 않은 데이트라는 형태로 이미 시작된 셈이다(이미 서로 간의 대화가 시작되었기 때문이다). 상대방의 모습이 나타날 때까지 정해둔 장소에서 오로지 기다릴 수밖에 없었던 옛날 세대의 데이트와는 그 이미지가 매우 달라져 있는 것이다. 그 데이트는 두 사람이 헤어지고 나서도 휴대폰에 의해 계속된다.

소설 속에서 '지금'을 묘사하기 위해 휴대폰을 등장시키려면, 만나는 방식의 변화에 따른 인간 내면의 변화까지 생각해두어야 한다. 하지만 이러한 내면의 변화는 내면 가운데서도 표면적인 것에 지나지 않는다. 이미 심리학자나 저널리스트가 얼마든지 많이 이야기하고 있다. 거기에서 더 나아가 '변화하지 않는 내면'을 찾아야 할까, 아니면 '변화'에서 멈춰야 할까. 소설은 결국 여기에서부터 시작될 것이다.

옛날 영화나 소설이 재미있는 이유

등장인물의 이야기로부터 멀어져버렸는데, 지금과 옛날의 차이 가운데에는 이런 것도 있다.

나는 얼마 전 텔레비전에서 《여성 극악첩極惡帖(공포 시대)》이라는 에도江戶 시대를 배경으로 한 오락 영화를 보았다. 1970년 작품으로, 출연진도 좋고, 돈도 꽤 들인 매우 재미있는 영화였다. 이런 재미있는 옛날 영화를 보고 나면, 나는 언제나 '같은 영화를 요즘에 만든다면 재미가 없을 거야' 하는 생각이 든다. 이것은 내가 '예술의 보편성'을 믿지 않아서가 아니다. 1970년에 만들어진 그 영화를, 나는 처음부터 '1970년의 영화'라고 단정 짓고 보게 된다. 그래서 재미가 있다고 느끼지 않을까, 나는 영화라는 '만들어진 세계'를 그대로 받아들이고 즐기는 것이 아닐까 하는 생각을 한다.

2장에서 60년대의 재즈와 90년대에 그것을 모방한 재즈를 비교해보았다. 또 초기 무라카미 하루키의 '세련된 대화'에 대해서도 이야기했다. 이 두 가지와도 공통되는 것인데, 작품(표현)에는 그 시대에 요구되는 무엇인가가 있다. 그것은 시대가 달라져도 쉽게 낡거나 빛이 바래지 않는다. 그것은 수용자를 작품 세계로 끌어들이는 힘이 된다. '요구되는 무엇인가'란 당시 사회와 서로 영향을 주고받는 어떤 것(A)임과 동시에 소설·재즈·영화의 역사를 관통하는 어떤 것(B)일 것이다.

안이하게 '예술의 보편성'을 믿어버리면, 1970년에 만들어졌든 2004년에 만들어졌든, "재미있는 작품은 어쨌든 재미있는 작품이다"라고 말해야 한다. 하지만 재미있는 작품은, 그것이 설령 시대극이라 해도, 1970년이라는 시대와 어딘가에서 서로 영향을 주고받고 있을 수밖에 없다. 그러므로 재미있는 작품(즉, 수용자를 끌어당기는 작품)에는 '보편성'이 아니라, 그 시대의 '지금'(즉, A와 B 모두)이 있다. 이것이 나의 '보편관'이다.

그러므로 영화사 초기에 찍은 뤼미에르 형제의 필름은 재미있다. 100년 전에 찍은 거리의 풍경 사진도 재미있다. 거기에는 '지금'이 있기 때문에 '보편성'이 있다. 도스토예프스키의 《죄와 벌》에 '보편성'이 있는 것도 19세기 페테르스부르크의 '지금'이 씌어 있기 때문이다.

요즘 팝스의 세계에서는 힙합처럼 멜로디가 없어진 것에 대해 안타까워하며, 60년대와 70년대의 '노래하는 팝스'의 부활을 바라는 사람들이 있지만, 그들에게는 '지금'이 없다. 그들은 멜로디를 '보편성'이라고 오해하고 있다.

앞에서 이야기한 휴대폰으로 이야기를 돌려보자. 휴대폰의 기능은 문자 메시지 → 사진 전송 → 동영상 전송으로 점점 바뀌어가고 있다. 이것을 하나하나 쫓아가자면 한이 없을 것처럼 생각된다. 그러나 내 기본적인 입장은 '그래도 결국 열심히 써야 한다'는 것이다. 왜냐 하면 그것이 '지금'이기 때문이다. 이때 사회의 흐름과는 거리를 두는 인간관이 어떠한 것인지 문제가 된다. 다시 말해 '내면의 변화'를 어떻게 파악할 것인가, 즉 '변화'를 보아야 할까, '불변'을 보아야 할까가 문제이다.

보편을 안이하게 믿고, 풍속을 배제해버리면, '지금'이 만들어내는 진정한 의미의 '보편'은 얻을 수 없다. 사회의 흐름과 어떤 방식으로 거리를 두고 어떻게 안배하느냐와 같이, 현대 사회가 소설이라는 형식에서 어려운 시대임에는 틀림이 없지만, 어려움이란 그 모습만 바꾸었을 뿐 늘 있어온 것이라고 나는 생각한다.

현실의 인간관계는 단순하지 않다

다시 '인간'으로 돌아가 보자. 최근의 응모 소설이나 창작 학교 등에서 쓰고 있는 습작 단계의 소설에 나오는 등장인물을 보면, 피해 의식을 지니고 있는 주인공이 매우 많다는 것을 알 수 있다. 이런 소설에서는 어머니와 딸, 남편과 아내, 언니와 여동생, 이렇게 일대일의 인간관계가 주축이 되어 있다. 두 사람 가운데 주인공은 언제나 피해자이고, 다른 한 사람은 주인공을 공격하는 가해자라는 역할을 맡는다. 그리고 양자의 성격을 증명하기 위한 몇 가지 에피소드가 회상에 의해 이어진다.

소설을 시작할 때의 이러한 설정이 안 좋은 것은 아니겠지만, 문제는 피해자와 가해자라는 관계가 처음부터 끝까지 바뀌지 않는다는 것이다. 공격을 가하는 측은 최후까지 계속 공격하는 인물로만 묘사되며(마음씨가 나쁘다거나 과도하게 자기중심적이어서 상대에 대한 배려가 없다거나 주인공에 비해 현저하게 순조로운 인생이라거나 그 패턴은 여러 가지이다), 공격을 당하는 주인공은 최후까지 벌벌 떨며 참고 견디는 인물(그 결과, 상당히 뒤틀린 인물)로 묘사된다.

어떤 작품에서는 공격하는 측인 남편이 어느 날, 갑자기 구조조정을 당하거나 또는 공격하고 있던(순조로웠던) 언니의 남편에게 다른 여자가 생겨 언니의 인생이 망가지거나 하는 등, 이야기 도중에 가해자와 피해자의 입장이 뒤바뀌는 일도 있다. 그래도 두 사람의 입장이 뒤바뀌는 곳에서 다시 이야기가 새롭게 시작되는 소설은 우선 없다. 만일 이야기가 계속된다 해도 가해자-피해자라고 하는 구도가 여전히 남는다는 것은 너무나 뻔하다. 결국 두 사람의 입장이 뒤바뀌든 뒤바뀌지 않든, 인물의 관계는 늘 가해자와 피해자로 확실하게 나뉘어 있다.

그러나 현실의 인간관계는 그렇게 단순하게 나누어지지 않는다. 설령 한 사람에게 공격적인 경향이 있고, 다른 한 사람이 공격당하는 편에 서는 일이 많다고 해도, 그러한 관계가 쭉 계속되는 것은 매우 특수한 경우일 것이다(소설이란 극단적이고 특수한 상황을 다루는 것이라고 오해하는 사람이 많지만). 현실에는 '아, 이렇게 해서 앞으로는 상대방과 잘 지낼 수 있을지도 몰라' 하는 순간이 반드시 있게 마련이다. 그리고 시간은 대개 좀 더 완만하게 흐른다. 이것은 7장에 가서 다시 한 번 이야기하겠지만, 소설 속의 시간이 거의 흐르지 않고, 회상에 의해서 과거를 설명하는 구조를 취함에 따른 폐해이다. 이 때문에 심리 상태가 복수로 되지 않고 단일하게 되어버린다.

그런 의미에서 그에 딱 맞춤한 사례라고 할 수 있는 것이 톨스토이의 《안나 카레니나》이다.

주인공인 안나에게 좋아하는 남자가 생긴다. 안나는 '그래서는 안 돼, 두 사람의 관계를 그만두어야 해' 하고 생각한다. 안나의 남편 카레닌도 안나의 바람기를 어렴풋이 눈치 챈다. '허락해줄까, 어떻게 할까' 생각하면서 마음이 흔들린다. 그러다 결국에는 허락해주자고 마음을 먹은 순간, 이상한 이야기를 하는 아주머니가 나타난다. 그래서 카레닌의 분노가 폭발한다…….

독자들은 이 소설에서 두 사람의 관계가 느슨할 때에는 '이로써 두 사람은 잘 지내게 되나 보다' 하고 휴 한숨을 짓다가도, 다시 두 사람의 관계가 긴장되면 '결국 안 되는 것인가' 하고 조마조마해진다. 그러한 기복(긴장과 완화)에 몸을 맡기는 것이 이 소설을 읽는 참맛이다. 왜냐하면 이것이 인간의 참모습이고 인간관계의 참모습이기 때문이다.

덧붙여 말하면, 등장인물의 심리 변화가 올바른 의미에서 소설 속의 '시간'이고, 등장인물의 심리 변화는 스토리에 우선한다. 인물의 심리가 변하지 않고, 오직 같은 방향으로만 나아갈 뿐이라면, 그것을 바탕으로 스토리를 꾸민다고 해도 '시간'은 흐르지 않는다.

응모 소설이나 습작 소설에 등장인물의 심리와 인간관계가 일방적이고 단순한 형태로 일관하는 소설이 많은 것은 물론 실력(끈질기게 몇 번이건 고쳐 쓰거나 인간관계를 다시 만들거나 하는 태도까지 포함한 넓은 의미에서의 실력)이 부족하고, 아직은 단순한 것밖에 쓸 수 없다는 점도 한 원인일 테지만, 그 이상으로 소설이란 그러한 부정적인 인간(또는 인간관계)을 나타내는 것이라고 생각하고 있기 때문이 아닐까.

3장에서도 이야기했듯이, 소설에는 글을 부정적인 방향으로 잡아끄는 자기장 같은 것이 작용하고 있다. 쓰기 전과 쓰고 있는 과정에 늘 그것을 의식하지 않으면, 소설 전체가 부정적인 색깔로만 염색되어버리기 십상이다.

작은 것에서 큰 것을 보는 통찰력

부정적인 인간을 그리지 않는다면 어떤 인간을 그릴까?

답은 긍정적인 인간을 그린다, 또는 인간을 긍정적으로 나타낸다는 것이다.

달리 말하면, 그 사람의 '무엇인가를 지향하고 있는 면'을 그린다는 것이다.

세상에 완전무결한 인간은 하나도 없다. 누구에게나 결점은 있고, 보통의 시각을 갖고 바라보면, 대개가 '대단할 것 없는 인간'이다. 다만 그 '대단할 것 없는 인간'에게도 반드시 장점 하나 둘은 있다. 또는 대수롭지 않은 일로 장점이 억눌려 있어서 결점만 두드러져 보이거나, 결점과 장점이 동전의 양면과 같은 것인데도 결점만 강하게 드러나는 일도 흔히 있다.

예를 들어 도스토예프스키는 한편으로는 못 말리는 도박광으로 성격 파탄자에 가까운 일면도 있었던 듯하다. 그러나 도박에 빠져드는 열정은 그의 작중인물의 성격에 확실히 반영되어 있고, 나아가 작품의 전개 자체에도 농후하게 나타나고 있다고 나는 생각한다.

인간이 어떤 성격 또는 특징을 지니고 있다는 것은 결국 결점이나 장점을 지니고 있다는 뜻이다. 그리고 원래는 장점이 되어야 할 것이 때와 장소를 잘못 만나 결점으로 나타나거나, 미처 장점이 되지 못한 것이라고 보는 인간관에 서게 되면, 모든 인간에게는 장점과 취할 점, 그리고 좋은 성품이 있다고 볼 수 있다.

초등학교 때를 생각해보면, 선생님에게 칭찬을 받고 기뻐하지 않는 아이는 한 사람도 없었을 것이다. 칭찬을 받고 기뻐한다는 것은, 조금 과장해서 이야기하면, '선善을 향해 성장하고 싶다' '선을 지향하고 있다'는 것이다. 그리고 이런 생각은 어른이 된 뒤에도 마음 깊은 곳에 변함없이 존재한다. 누구나 인간으로서 훌륭하게 살고 싶다, 올바르게 살고 싶다, 성실하게 일하고 싶다, 진지하게 사랑하고 싶다, 라는 생각을 지니고 있다. 그러므로 나는 인간에게는 누구나 진지한 바람이 있다는 것을 전제로 소설의 등장인물을 만들어낸다.

얼핏 그렇게 보이지 않을지도 모르지만, 내 소설의 등장인물이 모두 사명감을 지니고 있거나, 적어도 사명감이 없음을 자각하고 있는 것은 그러한 이유에서이다. 아무나 이웃에서 일어나는 일이나 국제 정치에 흥미를 갖는 것은 아니지만, 누구나 다 '세계'에는 관심을 갖고 있다.

진지한 바람이나 사명감에 대해 이야기하면, 사람들은 코웃음을 치며 냉소하는 경향이 있다. 하지만 나는 우리가 산다는 것은 결국 그러한 것이라고 생각한다.

현실은 인간의 긍정적인 지향성을 은폐하기 쉽지만, 그렇다고 해서 소설에 부정적인 인간만 등장시켜야 한다는 사고방식은 리얼리티를 잘못 파악하는 것이다. 소설가로서 사고를 게을리 하는 것이기도 하다. 일상적인 사고방식으로만 소설을 쓰고 있는 것이라고 바꾸어 말할 수도 있다.

단지 하찮기만 한 사람도 없고, 단지 선을 지향하기만 하는 사람도 없다. 그(그녀)의 버릇이나 사회생활에서 물들어버린 잘못된 사고방식이나 잘못된 언어 습관 때문에 왜곡되어 있기는 하지만, 잘 보면 그것들은 좋은 품성의 발로이다. 이와 같은 생각을 바탕으로 한 인물의 묘사 방식에는 독자의 흥미를 소설 너머로까지 확대시키는 힘이 있다.

하찮은 인간만 나오는 하찮은 소설은 읽고 있어도 독자가 고양감이나 해방감을 느낄 수 없다. 이것은 테크닉 이전의, 어쩌면 사상의 범주에 해당하는 이야기라고 보아도 좋다. 소설가는 작은 것에서 큰 것을 볼 수 있는 통찰력을 가져야 하며, 그 사람의 결점에서 전향적인 지향성이나 인생의 어느 고비 또는 기로에서 길을 잘못 들어버린 그 사람 본래의 가능성을 헤아리려고 하는 마음가짐이 필요하다고 생각된다.

이런 점을 생각할 때, 나는 늘 트루먼 카포티(미국 뉴올리언스 출신 소설가)의 《냉혈한》을 떠올린다. 독자는 이 작품에서 살인범의 최후가 가까워짐에 따라 살인범에게 동정심을 품게 된다. 그래서 '살인범이 사형 집행을 당하지 말았으면' 하고 바라게 된다. 이것은 인간으로서 최악이라고 보이는 살인범의 한 모습이 실은 인간으로서 숭고해지지 못한 일부분이라는 것을 알기 때문이다. 독자는 그가 사형으로 인생을 마치는 것보다 놓치고 말았던 숭고함을 목표로 살 기회를 살인범에게 한 번 더 주었으면 하고 바라는 것이다.

등장인물에게 '고정된 역할'을 부여하지 않는다

 소설 속의 등장인물을 긍정적인 인간으로 묘사하려면, 소설가 또한 그 인물에 대해 긍정적인 마음을 가지고 있어야 한다. 즉, 소설가는 등장인물을 어딘가에서 '긍정'하고 있지 않으면 안 된다.
 《플레인송》은 이미 이야기했듯이, '만일 내가 돈이 있으면 내 주위의 친구들에게 방을 얻어 주거나, 영화를 찍고 있는 친구에게 자금을 제공할 수 있다'라고 생각한 것이 집필의 계기가 되었다.
 그리고 그때까지 내가 사귀었던 친구들을 하나하나 생각해내는 것으로부터 소설을 쓰기 시작했다. 나 자신이 후원자가 되어도 좋겠다고 생각할 수 있는 친구란 대기업의 엘리트 사원이 아니다(원래 이런 친구는 거의 없지만). 그래서 필연적이라고 할까, 어딘가 세상과는 조금 동떨어져 있는 무리만 내 소설 속에 등장하게 되었다.
 그런 다음, 앞에서 이야기했듯이, '슬픈 일은 일어날 기미조차 느껴지지 않게 한다'라는 규칙 아래 소설을 쓰기 시작했다. 이때 내가 생각한 것은 그들을 소설 속에 배치하지 않는다는 것이었다. 등장인물을 소설 속에 배치해버리면, 그들은 소설가의 사정에 맞추어 무언가의 역할을 하지 않으면 안 된다. 그러나 내가 소설에 등장시키려고 생각했던 친구들 가운데, 소설 속에서 고정된 역할을 맡은 인간은 하나도 없다. 애당초 나는 스토리 따위는 없어도 되기 때문에 그들 하나하나에 대해 충실하게 쓰고 싶었다. 그러기에는 역할은 오히려 방해가 되었던 것이다.

그들은 얼핏 보면 적당히 편한 대로 살고 있지만, 지금의 사회 모습에 동조하려고 하지 않는 탓에 그렇게 보일 뿐, 매우 긍정적이고 장래성도 있고 각자 나름대로 높은 곳을 지향하고 있다. 인간이란 그러한 것이 아닐까, 하는 기분. 또는 나를 포함한 인간들이 지금 이 시대에 실제로 살고 있다는 것에 대한 놀라움과 기쁨. 나는 그러한 세계를 긍정하려고 생각했던 것이다.

부정적인 인물만 등장하는 소설로 돌아가면, 내가 아는 사람 가운데 역시 그런 부정적인 인물 위주의 소설만 쓰는 여성이 있다. 이 여성은 현실생활에서는 내가 소설에 등장시키고 싶을 정도의 명랑한 남편과 함께 여기저기 돌아다니며 늘 즐겁게 지내고 있다.

그래서 내가 그녀에게 "왜 당신 자신의 즐거운 생활을 쓰지 않는 것인가. 당신의 남편은 매우 재미있는 사람이기 때문에 남편에게 초점을 맞추어 소설을 쓰면 좋겠다."라고 말해보았다. 그랬더니 그녀의 답은 "예? 그런 것은 생각도 안 해 보았는데요."라고 말하는 것이었다.

이 여성은 일반적으로 소설을 쓰고 싶다고 생각하는 사람의 전형적인 경우이다(실례!). 이런 사람들은 소설을 쓰기 전부터 소설의 부정적인 자기장 안에 들어가 있다. 그래서 소설을 쓰려고 생각한 그 순간부터 부정적인 것에만 눈을 돌린다. 이런 사람들은 잠시 소설 쓰기를 멈추고, 주위에 있는 긍정적인 면을 발견하려고 마음먹는 것이 바람직하다.

실재 인물을 모델로 삼는다

내 이야기를 좀 더 해보자.

내 소설에 대하여 '등장인물의 직업을 잘 알 수 없다'거나 '매일 빈둥거리면서 주인공은 어떻게 밥을 먹고 살 수 있는가'라는 비판을 받는 일이 있다(그래도 최근에는 이런 비판을 그다지 듣지 않게 되었다. 소설은 소설로서 완결성을 지니는 것이다. 소설 속의 설정을 외부사회의 눈으로 일일이 점검해가는 독법은 소설의 독법으로서는 잘못된 것이다).

이런 비판을 하는 사람은 어떤 사람을 처음 만났을 때, 상대의 직업은 물론, 나이나 학력, 혈액형 같은 것까지 알고 싶어 하는 타입이 아닐까 하는 생각이 든다. 그러나 그런 것을 모두 알았다고 해서 그 인간을 '알게 되는' 것은 아니다.

소설의 기법이라는 측면에서 이야기를 하자면, 나이나 학력, 직업, 혈액형 등 등장인물의 프로필을 자세히 설정해놓는다고 해서 리얼리티가 생겨나지는 않는다. 오히려 그런 이력서적인 요소에 등장인물을 못박아버리면, 거꾸로 유형적인 인물이 될 것이 뻔하다. 실제로 우리가 어떤 사람을 처음 만났을 때에는, 그 사람의 특징이 먼저 눈에 띄듯이, 등장인물의 특징만 하나

둘 쓰는 정도가 좋다.

그런 의미에서 내 소설의 등장인물은, 약간의 각색을 거치기는 하지만, 실재 인물을 모델로 하고 있는 경우가 많다. 내가 실재 인물을 모델로 삼는 이유는 '실제로 이러한 인간이 있다'라는 사실이 소설을 써나갈 때에 강력한 힘이 되어주기 때문이다.

아무리 픽션이라고 해도 실제로 이런 일을 하는 인간이 있다, 이런 이상한 생각을 하는 사람이 있다고 하는 '사실'은 내 안에서 압도적인 확신이 된다. 그리고 그것은 소설의 실마리를 풀어나가는 데도 크게 영향을 준다.

이 말은, 모델이 된 인물을 잘 알고 있기 때문에 등장인물의 성격이나 모습 등을 세밀하고 리얼하게 묘사할 수 있다는 뜻은 아니다. 오히려 그 반대이다. 실재하는 인물을 모델로 삼았을 경우, 그 인물에 대해 간단히 나타내더라도 그 인물의 존재감 같은 것이 독자에게 제대로 전달된다는 뜻이다.

내 소설의 모델로 삼은 인물에 대해서 성장 과정이나 학력 등 사회적 속성을 내가 상세히 알고 있는 것은 아니다. 그렇다고 소설을 쓰기 위해 신상 조사 같은 것을 한 일도 전혀 없다. 직장 같은 공식적인(?) 곳에서 알게 된 것이 아니라, 친구를 통해서 알게 된 사람들이 대부분이므로 나이 같은 것도 잘 모르는 경우가 많다. 그 인물과 몇 번인가 이야기를 하다가, '이 사람은 참 재미있는 사람이군' 하고 생각하고 친구가 되었을 뿐이다.

그러다 어느 날 갑자기 내 소설에 등장시키게 된다. 그래서 보기에 따라서는 내 캐스팅은 꽤 즉흥적이다. 그리고 그 즉흥적인 상태 그대로, 지금의 나 자신에게 보이고 있는 친구의 모습을 기본으로 하여 적당히 각색해가는 것이다.

친하게 지내는 소설가 한 사람은 요 몇 년 동안 실제로 있었던 일만 소설로 쓰고 있다. 그 문장 또한 거칠다고 할 만큼 간결하고 시원스럽다. 그러나 그 '거칠다'는 점이 오히려 리얼리티를 살린다. 그것은 그의 마음속에 '이것은 사실이다'라는 압도적인 확신이 있어서 설명이 필요 없기 때문이라고 나는 생각한다.

이것은 나쁘게 말하면, 작가 주변의 인물이 이미 튼튼하게 만들어져 있으므로, 100퍼센트 창작한 인물보다 더욱 리얼리티가 있고 개성이 있다고 생각하는 것이다. 그렇지만 어떤 독자는 이래서는 작가의 의지대로 소설을 써나갈 수 없을 것이라고 생각할지도 모른다. 하지만 그것은 인간을 인식하는 방식과 관련된 문제이다.

인간의 인식이란 참으로 묘한 것이다. 어떤 인물에 대해 정성껏 쓴다고 해서 그것이 독자에게 제대로 전달된다고는 말할 수 없다. 컴퓨터라면 데이터를 많이 입력할수록 뚜렷한 인물상이 나타나겠지만, 인간의 두뇌는 다소 모호하거나 '빈틈'이 많은 기술記述이 전달하기 쉬울 때도 있다.

시험 삼아 친구나 탤런트의 얼굴을 머릿속에 떠올려보라. 잘 알고 있는 사람이라도 이마, 눈, 코, 입…… 전부를 기억하고 있지는 못할 것이다. 몇 군데는 확실하지 않을 것이며, 그렇게 흐릿한 부분이 있어도 신경에 거슬리지 않는 것이 인간의 인식의 특징이다.

인간을 사회적 형용사로 나타내지 않는다

형용과 인물 설명의 관계를 조금 더 생각해보기로 하자.

사람들이 살면서 가장 정성을 들여 어떤 인물에 대해 설명할 때는, 결혼식에서 주례가 하객들에게 신랑과 신부를 소개할 때일 것이다.

"신랑은 19○○년 ○월 ○일, ○○○선생님과 ○○○여사의 가정에 장남으로 태어나, 귀염둥이로 무럭무럭 자라났으며, ○○초등학교와 ○○중학교에서 공부했습니다. 중학교에서 잘했던 과목은 영어와 과학, 동아리 활동은 밴드부에 소속하여 뛰어난 트럼펫 연주 실력을 발휘했으며, 친구들로부터의 인망도 두텁고, 3학년 때에는 부반장을 했습니다……."라는 식으로 이어진다.

그런데 이런 소개말을 주의 깊게 듣는 사람은 거의 없다. 이런 소개말에는 '사회적 형용사'만 잔뜩 나열되어 있기 때문이다.

'사회적 형용사'라는 말은 내가 만든 말인데 전달하기 쉽다는 데 중점을 둔 형용사를 뜻하는 말이다. 사회적 형용사에는 최대 공약수적인 정보밖에 들어 있지 않기 때문에 그 사람의 개성이 담겨 있지 않다. 다시 말해 전혀 소설적이지 않다.

하나하나의 인간이 지니고 있는 개성이랄까, '그 사람을 그 사람이게 하는 움직이기 어려운 느낌'은 조금 과장해서 이야기하면 언어를 초월한다. 그런 의미에서 한 인간(존재)을 나타낼 수 있는 형용사라고는 전부 사회적 형용사밖에 없다고 해도 좋을 것이다.

앞에서 이야기한 '거친' 문장은 형용사 또는 형용 전반이 품고 있는 사회성을 제거하고 한 인간에게 정면으로 다가가기 위한 방법인 것이다.

사람들에게 잘 전달할 수 있는 형용사(사회적 형용사)를 사용하고 있는 한, 소설 속의 인물이 살아나지 않기 때문에 소설로서의 특성 또한 살아나지 못한다. 이 사회성과 소설로서의 특성 전도는 역설처럼 들릴지 모르지만, 절대로 역설이 아니다. 소설이란 그 하나하나의 작품이 갖는 언어의 운동이나 원리에 의해서 성립하는 것이지, 사회성에 의해서 성립하는 것은 아니기 때문이다. '사회성'이라는 말을 '기성의 가치'라는 말로 바꾼다면 좀 더 이해하기가 쉬울지도 모르겠다.

여기에서 생각나는 것이 발터 벤야민(독일의 문예이론가_옮긴이)의 다음과 같은 말이다.

고독 속에 있는 개인이야말로 소설이 태어나는 산실이다.

이것은 《이야기꾼^{Erzähler}》이라는 에세이에 나오는 말인데, 벤야민이 말하는 '고독'이란 사회의 평가에 개의치 않는 것이라고 나는 생각한다. 벤야민은 계속해서 이렇게 이야기한다.

소설을 쓴다는 것은 인간 생활의 묘사를 통해 공약수가 될 수 없는 것을 극한까지 추구하는 것에 다름 아니다. 넘치는 생명력의

한창때에, 또 이 넘치는 생명력을 묘사함으로써 소설은 거꾸로 세상을 살아가는 사람들의 마음 깊은 곳에 있는, 의지할 데 없음을 드러나게 한다.

나는 이 말 또한 부정적인 의미로서가 아니라, 고독 속에서 홀로 사고한다는 의미로 파악해야 한다고 생각한다.

소설가는 이미 있는 형용사로 사물을 바라보아서는 안 되는 것이다.

소설 속의 대화

얼마 전에 NHK의 〈인간 강좌〉라는 프로그램에서 한 우주물리학자가 이야기하는 것을 보고, 대화에 관한 중요한 사실을 하나 발견했다.

보통 이 프로그램은 스튜디오에 초대된 강사가 책상을 앞에 놓고 카메라를 향해 이야기를 하고, 이야기의 보충 자료로 사진이나 문자를 내보내는 방식을 취한다. 그러나 이번 촬영 장소는 스튜디오가 아니라 그 물리학자의 연구실이었다. 그는 자기 의자에 깊숙이 앉아 평소에 학생에게 질문을 받고 대답하는 듯한 모습으로 이야기하고 있었는데, 그 내용을 이해하기가 매우 쉬웠다. 그 이유를 생각해보니, 그가 이야기를 하면서 매우 자연스럽게 손짓을 하고 표정을 지었기 때문에 그렇다는 것을 알 수 있었다.

　사람이 말을 할 때 손짓과 표정을 섞어서 말하는 것은 단지 부수적이고 무의미한 운동이 아닌 것이다. 손짓과 표정에는 말하는 사람 자신의 마음을 이끄는 작용이 있다. 그리고 단순한 말보다는 멜로디에 실린 말이 더 가슴에 와 닿는 것과 마찬가지로, 손짓과 표정을 사용하는 것이 듣는 사람에게도 이야기의 내용이 더 자연스럽게 전달된다.

　사진이나 도표 또한 이야기의 내용을 좀 더 치밀하게 만들어 주기는 하지만, 스튜디오에서 손짓도 하지 않고, 무표정한 얼굴로 이야기하는 사람의 말은 본래의 자연스러움을 잃기 때문에 시청자에게 전달되기 어렵다. 그때 시청자는 오로지 머리로만 이해해야 하기 때문이다.

　이것은 소설 속에서의 대화를 생각할 때에도 매우 커다란 힌트가 된다. 그것은 대화의 내용을 아무리 자연스럽게 적더라도, 그것만으로는 리얼한 대화가 될 수 없다는 것이다. 실제의 대화에서는 손짓이나 몸짓, 표정 등 직접 내용과는 동떨어진 부분이 매우 많다. 그러므로 그 내용과 동떨어진 부분을 어떻게 소설의 대화 속에 집어넣느냐가 열쇠이다.

　그러기 위해서는 어떻게 해야 할까? A와 B의 대화를 예로 들어보자. 먼저 A가 어떤 식으로 말하고 있는지를 구체적으로 묘사해야 한다. 그리고 말하고 있는 A 이상으로 그것을 듣고 있는 B의 표정이나 자세 또한 눈에 보이듯이 구체적으로 묘사해야 한다. 나아가 A와 B가 대화를 하고 있는 '장소'에 대해서도 상상력을 발휘해야 할 필요가 있다.

여기에서 조금 긴 듯하지만, 톨스토이의 《안나 카레니나》의 제 2절에 나오는 정경을 인용하기로 하자.

'뭐, 어떻게든 되겠지.'

오블론스키는 이렇게 혼자 중얼거리며 일어나더니, 푸른색 명주로 안을 댄 회색빛 가운을 걸치고 허리끈을 아무렇게나 매었다. 그리고 탄탄해 보이는 가슴으로 마음껏 심호흡을 한 다음, 그의 살찐 몸뚱이를 비교적 민첩하게 운반하는 굽은 두 다리로 씩씩하게 창가로 걸어가서 커튼을 젖히고는 요란스럽게 벨을 눌렀다. 그러자 벨 소리를 듣고 어릴 때부터의 친구이자 하인인 마트베이가 곧 옷과 장화와 전보를 손에 쥐고 들어왔다. 마트베이의 뒤에는 이발사가 면도 기구를 들고 들어왔다.

"관청에서 서류가 도착했나?"

전보를 손에 쥐고 거울 앞에 앉으면서 오블론스키가 물었다.

"책상 위에다 놓았습니다."

마트베이는 동정하는 눈빛으로 뭔가 묻고 싶은 것이 있다는 듯 주인의 눈치를 보면서 대답했다. 그러더니 잠시 후 교활한 미소를 지으며 덧붙였다.

"삯마차 집에서 사람이 왔었습니다."

오블론스키는 아무 말 없이 거울에 비친 마트베이의 얼굴만 흘 끗 쳐다보았다. 거울 속에서 마주친 시선만으로도 그들 두 사람은 서로를 얼마나 잘 이해하고 있는가를 분명히 알 수 있었다. 오블론스키의 눈빛은 마치 이렇게 묻는 듯했다.

'넌 왜 그런 말을 하지? 그래, 넌 모른단 말이냐?'

마트베이는 웃옷 주머니에 두 손을 넣은 채 한쪽 다리를 편하게 세웠다. 그러고는 보일 듯 말 듯 엷은 미소를 지으며 선량한 표정으로 아무 말 없이 주인을 바라보고 있었다.

"제가 일요일에나 와보라고 돌려보냈습니다. 그리고 그때까지는 주인어른을 귀찮게 해드리거나 공연한 헛수고를 하지 말라고 일렀어요."

마트베이는 이렇게 말을 늘어놓았는데, 미리 이 말을 준비해둔 것 같았다.

오블론스키는 마트베이가 재미있는 이야기를 해서 주인의 주의를 끌고 싶어 한다는 것을 알아챘다. 그는 전보의 겉봉을 찢어내고 전보마다 몇 개씩은 있게 마련인 틀린 글자들을 자기 짐작대로 고쳐가면서 읽어내려 갔다. 그러더니 그의 눈빛이 금세 반짝이기 시작했다.

"마트베이, 내일 내 누이동생 안나가 온다네."

그는 길게 자라서 곱슬곱슬한 구레나룻 아래의 장밋빛 뺨을 밀고 있던 이발사의 기름기 흐르는 살찐 손을 잠시 멈추도록 손짓한 다음 말했다.

"어이구, 그거 잘된 일이군요."

마트베이도 주인의 마음을 이해하여 누이동생이 방문하는 의미를 알아차렸다. 즉, 오블론스키의 사랑스런 누이동생 안나라면 현재의 이 부부의 상태를 호전시키는 데 힘이 되어줄 것이라고 그는 암시한 것이었다.

"혼자 오시나요, 아니면 바깥어른과 같이 오시나요?"

마트베이가 물었다.

오블론스키는 그때 이발사가 입술 위쪽을 만지고 있었기 때문에 말을 하지 않고 손가락 하나를 들어 보였다. 마트베이도 거울 속에서 고개를 끄덕거렸다.

"혼자 오시는군요. 그럼 2층을 치워둘까요?"

"어디로 했으면 좋을지는 다리야와 상의해서 하게."

"마님하고요?"

마트베이는 이해하기 어렵다는 표정을 지으며 되물었다.

"시키는 대로 하게. 이 전보를 가지고 가서 보여드리게. 뭐라고 할지……."

'아, 마음을 한번 떠보려고 그러는군.'

마트베이는 눈치를 챘지만, 이렇게 말했을 뿐이었다.

"네, 말씀대로 하겠습니다."

마트베이가 손에 전보를 들고 삐그덕 삐그덕 소리가 나는 장화를 신은 발을 천천히 옮겨 방으로 되돌아왔을 때에는, 이미 오블론스키는 세수를 끝내고 머리 손질도 말끔히 한 다음 막 옷을 갈아입으려던 참이었다. 이발사는 이미 가고 없었다.

얼핏 보면 별것 아닌 아침 준비의 정경이지만, 여기에는 실로 여러 가지가 씌어 있다. 톨스토이라는 작가는 정말로 무엇 하나 놓치지 않고 면밀히 보고 있음을 알 수 있다. 참으로 자연스럽게 다채로운 모습이 담겨 있기 때문에 이런 정경을 나타내기 위해 시도해본 적이 없는 사람으로서는 그의 역량을 짐작할 수 없을 것 같다(이 정도의 정경 서술은 톨스토이에게는 아무것도 아니었겠지만). 여기서는 정경이 마치 영화처럼 전개되고 있다.

두 사람이 대화하고 있는 것과 동시 진행으로 이발사가 오블론스키의 수염을 깎고 있다. 오블론스키는 하인 마트베이를 직접 바라보고 있는 것이 아니라 거울을 통해서 바라보고 있다. 오블론스키는 전보도 읽고 있다. 하인은 두 번 이 방에 들어오고 이발사는 일을 마치고 방을 나간다.

이 소설이 현대 소설과 다른 점은 작가가 등장인물의 마음속을 지나치게 많이 알고 있다는 것이다. 하지만 정경을 만들어내는 방식은 완벽하다. 대화라는 것은 실제로 두 사람(또는 그 이상)이 있는 공간에서만 일어나는 것이기 때문에 '대화를 쓰는 것'은 대화가 이루어지는 공간에 대해 쓰는 것이다.

실제 대화를 재현하면 잘 읽힌다

소설 속의 대화는 한번 속도가 붙기 시작하면 술술 써진다. 그러나 술술 써나가는 대화는 때때로 대화의 한쪽이 "그래, 그래" "그래서?", "맞아" 하는 식의 의미 없는 맞장구를 칠 때라든가 실용서의 Q&A처럼 일의 경위를 설명할 때일 경우가 많다. 양쪽 다 진정한 대화라고는 할 수 없다.

전자의 경우에는 도스토예프스키처럼 등장인물 혼자서 길게 이야기하게 하면 되고, 후자의 경우에는 지문으로 충분하다. '일의 경위를 설명하는 지문이 계속되면 너무 단조로워진다'는 이유로 대화를 넣는다고 생각하는 것은 지나치게 소극적인 데다 소설에 대해서 너무 생각이 없는 것이다.

일상적인 대화에서는 극단적으로 말하면 듣는 사람이 말하는 사람의 의도를 오해하지 않도록 예방할 필요가 있다. 듣는 사람은 말하는 사람의 이야기를 들으면서도 관심은 끊임없이 엉뚱한 데로 달아나려 하려는 경향이 있기 때문이다.

또 예를 들어 '일'이라는 단어 하나만 보더라도 그 의미나 쓰임새에는 사람마다 다른 경험이나 인생관이 반영되어 있다. 그래서 A가 말하는 '일'과 B가 말하는 '일'은 의미가 서로 다를 수 있으며, 그 쓰임새도 서로 차이가 날 수 있다. 인생, 사랑, 부부 같은 추상적인 말에서는 그 차이가 더욱 심해진다. 그 결과 일상의 대화는 정체되기도 하고 왜곡되기도 한다.

앞에 나온 톨스토이 작품의 인용문에서는 일상적인 대화에서 일어나는 정체나 왜곡 또한 솜씨 좋게 묘사되어 있다. 여기에서는 이발사가 대화와 병행하여 오블론스키의 수염을 깎는 행위가 영향을 주고 있다. 이 장면에서 이발사의 존재를 없애버리면, 두 사람의 대화는 좀 더 술술 진행될 것이다. 오히려 대화가 술술 이루어진다는 인상을 피하기 위해서 이발사라는 이질적인 존재를 함께 등장시킨 것이라고 생각할 수도 있다.

실제 대화가 아무리 정체나 왜곡 현상을 보인다 해도 그것을 그대로 재현하면(예를 들어 녹취를 하거나 해서) 의외로 술술 읽힌다. 인간의 주의력이라는 것은 그만큼 둔감한 것이기 때문에 현실적인 정체감을 내기 위해서는 실제로는 거기에 없는 것이라도 일부러 채워 넣을 필요가 있다.

발언의 재미를 반감시키는 '넘겨짚기'는 하지 않는다

의미의 차이에 의한 왜곡이나 정체는 대화의 흐름에 완급을 주거나 의외성을 가져온다. 그러나 이것은 작중 인물의 무의식에 의한 것일 뿐이며, '넘겨짚기'와는 전혀 다르다.

'넘겨짚기'란 대개 상대의 발언을 깎아내리려는 의도로 이루어진다. 그러한 넘겨짚는 대사는 소설에서 없는 편이 낫다. 아니, 애초부터 넘겨짚기를 하는 캐릭터는 소설에 등장시켜서는 안 된다. 조금 생각해보면 알 수 있겠지만, 그러한 '넘겨짚기 캐릭터'는 사람들 가운데 종종 있는 것이 아닐까? 우리의 일상적인 사고방식은 칭찬하는 쪽보다는 헐뜯는 쪽이 더 개발되어 있다. 그러므로 일상적인 사고방식은 늘 상대방을 깎아내리는 쪽으로 작용하기 십상이다. 그런 의미에서 '넘겨짚기' 대화는 의외성을 가져오지 못한다.

내가 데뷔한 지 2, 3년 되었을 무렵, 어떤 여성으로부터 "호사카 씨는 아쿠타가와 상(일본 문예춘추사가 소설가 아쿠타가와 류노스케芥川龍之介를 기리기 위하여 1935년 제정한 신인 문학상. 해마다 1월과 7월 2회 시상하며, 소설가에게 수여되는 신인상 가운데 가장 권위가 있다_옮긴이)에 대해 어떻게 생각하세요?" 하는 질문을 받은 적이 있다. "아쿠타가와 상 같은 것에는 흥미가 없는데요."라고 내가 대답하자, 그녀는 "받지 못한 사람들은 꼭 그렇게 말하더군요." 하면서 후후 웃었다. 그녀는 내가 아직 아쿠타가와 상을 못 받았기 때문에 '흥미없다'고 삐딱하게 허세를 부린 것으로 넘겨짚은 것이다.

이렇게 상대의 발언에 대해 넘겨짚기를 하면 대화는 거기에서 끝나 버린다. 내 발언을 넘겨짚은 그녀는 자신이 넘겨짚은(곡해한) 내용만 기억에 남겨두고, '아쿠타가와 상 같은 것에는 흥미가 없다'는 내 발언은 잊어버린다. 그러나 이렇게 해서는 내가 진정으로 하고 싶은 말이 무엇이었는지 그녀는 이해할 수가 없게 된다. 그러므로 이 대화에서는 더 이상의 아무런 발전도 있을 수 없다. 그녀가 이 대화에서 얻은 것이 없다면, 이 대화는 아쿠타가와 상에 대해서 그때까지와는 다른 생각을 할 수 있는 계기가 될 수도 없다. 대화가 끝나버린다는 것은 이런 의미이다.

이러한 예는 수없이 많다. 프로야구 선수 스즈키 이치로鈴木一朗가 언젠가 "나한테는 삼진을 당하는 기술이 없다"라고 말한 적이 있었다. 넘겨짚기를 잘하는 사람은 그 말을 단순히 자만심에서 나온 말이라고 받아들였을 것이다.

그러나 이치로가 "삼진을 당하는 기술이 없다"라고 말하는 것을 들었다면, 우선 그 말을 말 그대로 받아들이고 실제의 장면을 시뮬레이션하여(이것은 소설적 사고의 초보이다) 그 발언의 진의를 짐작해보아야 한다. 혹시 이치로는 이렇게 말하고 싶었던 것이 아닐까?

"공이 날아오면 나도 모르게 몸이 반응해서, 방망이로 공을 때려버린다. 때려보았자 내야 땅볼밖에 안 된다는 것을 알면서도 때려버리는 것이다. 그 결과 병살타가 되어버리는 일도 있다. 그보다는 삼진당하는 쪽이 훨씬 나은데, 나에게는 아직 그런 기술이 없다."

이런 가설이 생겨나면 야구 배팅에 대한 새로운 관점도 얻게 되고, 어떤 면에서는 우리 신체가 그렇게 자유롭지 못하다는 것을 알 수도 있다. 그러나 자만심에서 나온 말이겠지, 하고 넘겨짚기를 해버리면 야구 배팅에 대해서도, 우리 신체에 대해서도 전혀 새로운 시각을 가질 수 없다. 그것으로 그냥 끝나버린다.

또 하나, 언젠가 NHK의 〈일요 미술관〉이라는 프로그램에 출연한 어떤 예술 대학 교수가 놀랄 만한 넘겨짚기 강연을 했다.

그 프로그램에서는 마티스와 피카소의 이런 대화가 소개되고 있었다. 마티스가 피카소에게 "나는 만학이기 때문에 당신과 같은 기술이 없소"라고 말하자, 피카소는 "그것은 참 다행이군요"라고 말했다고 한다. 그런데 이 예술 대학 교수는 피카소의 발언을 "앞으로 당신(마티스)은 많은 기술을 익힐 수 있기 때문에 다행이다"라는 역설적인 의미로 해석했다. 이 교수는 피카소의 말을 넘겨짚고 깎아내린 것이다.

그러나 넘겨짚기를 하지 않고 피카소의 말을 말 그대로 해석한다면 어떻게 될까? '기성의 기술을 습득하지 않은 마티스, 당신은 매우 행운아이다'라는 의미가 되고, 피카소에게 기성의 회화 기법으로부터 자유롭게 되는 것이야말로 주된 관심사임을 알 수 있으며, 훨씬 더 역동적인 피카소의 모습을 보게 된다. '그것은 참 다행이군요'라는 말도 '기술이 없다'라고 말한 마티스를 그대로 긍정하는, 진정으로 다행스러워하는 울림을 갖는 말이 된다.

확실히 이치로나 피카소와 같은 천재는 보통 사람은 전혀 생각지 못하는 것을 생각하는 사람들이다. 그리고 그들의 발언은 듣는 사람의 습관이나 사고방식에 따라 넘겨짚기를 당하거나 깎아내려지기 십상이다. 물론 보통 사람이라고 해도 이런 상황을 겪을 수 있다. 누구나 하나 정도는 다른 사람이 생각도 못하는 영역이 있고, 그래서 가끔은 매우 독특한 발언을 하는 일도 있다. 그러한 발언은 가능한 한 그대로 받아들이고 기억해야 한다. 그러한 발언의 저장고가 바로 소설가의 재산이 된다.

대화는 군더더기 없이 짧게

또 하나, 소설 속의 대화에서 주의해야 할 것은 굳이 안 써도 될 것은 쓰지 말아야 한다는 것이다. 그래서 군더더기가 많아지지 않게 해야 한다는 것이다. 쓰는 사람이 속도에 취해 버리면,

붓이 지나치게 빨리 달리게 된다(프로의 경우에는, 행수를 일부러 늘리는 수도 있다. 그것도 대개의 경우는 '시간 늘리기' 즉, 시간의 경과를 나타내고 싶어서이다. 하지만 잘못하면 구질구질하게 늘어져버린다).

그러나 대화라는 것은 여기저기를 생략하거나 비약이 있는 편이 재미있다. 고다르(프랑스의 영화감독이며 누벨바그의 대표주자_옮긴이)의 《영화의 역사》를 보면, 《네 멋대로 해라》를 편집 단계에서 몇 분인가 줄여야만 했을 때, 진 세버그와 장 폴 벨몽도가 자동차 안에서 나누는 대화 가운데, 벨몽도의 대사만을 전부 커트해버렸다고 한다. 나는 이 영화를 지금까지 여러 번 보았지만, 《영화의 역사》를 읽기 전까지는 그런 사실을 전혀 눈치 채지 못했다. 전혀 위화감이 없었기 때문이다. 그만큼 대화라는 것은 자르려고 생각하면 얼마든지 자를 수 있는 것이다.

내 경우를 예로 들자면, 《컨버세이션 피스》에서는 대화 부분을 일단 쓴 다음 3할 정도 커트했다. 한 사람의 대사를 전부 커트하거나 발언 하나의 절반 정도를 커트해서, 독자가 아무 생각 없이 소설을 읽고 있으면 대화를 따라가지 못하도록 만들었다. 즉, 전체가 길기 때문에 자를 수 있는 곳을 잘라서 짧게 한 것이 아니라, 긴 소설을 읽기 위한 주의력을 독자에게 다시 환기시키기 위해서 조금 읽기 어렵게 만든 것이다.

등장인물 스스로 말하게 한다

 인간이 등장하지 않는 소설이 아직까지 한 번도 나오지 않은 명확한 이유는 알 수 없다. 어쨌든 소설 속에 인간이 등장하는 한, 대화는 반드시(라고 해도 좋을 것이다) 나오게 된다.
 대화는 소설 속에서 지문과는 다른 원리를 갖는, 이른바 등장인물에 맡겨진 부분이고, 작중 인물의 숨결과 습관이 드러나는 부분이다.
 소설의 등장인물을 스토리 속에 배치하지 말라는 이야기를 했는데, 대화도 이와 비슷하다. 스토리의 진행을 돕기 위해 대사를 집어넣으면, 인물이 대사를 하는 의미도 없고 리얼리티도 없다.
 모든 사람은 제각기 유아 체험을 지니고 있고, 제각기 '인간으로서 성장하고 싶다'는 소망을 지니고 있으며, 제각기 다른 세계관과 인간관을 지니고 있다. 작가가 소설을 쓰기 전에 가지고 있던 의도를 뛰어넘어 등장인물 마음대로 말하기 시작하는 것이 소설 속의 대화이다. 그리고 대화에 의해서 비로소 작중인물은 존재감을 가지게 된다.
 또 사족처럼 들릴지 모르지만 등장인물은 가능한 한 많이 나오는 편이 좋다. 소설의 변화나 소설의 두터움이라는 측면에서도 물론 그렇지만, 이는 나(작가)와 소설의 관계, 나아가서는 '나' 그 자체와도 관련이 있다.
 많은 인물을 역할에 따라 배치하지 않고, 무엇을 말하고 무엇을 할지 사전에 결정하지 않은 채 써감으로써, 작가인 '나'에 대한 느낌 또한 달라진다. 자아가 희박해진다고 할까, 좀 더 개방적으로 된다고 할까. 지금까지 자명하다고 생각했던 '내'가 그렇지만도 않은 듯한 느낌이 들게 된다. 어쨌든 그 느낌은 실제로 써봐야 알 수 있는 것이지만, 글을 써가는 과정에서 확실히 '내'가 달라진다.

5
문체의 탄생

풍경을 묘사한다

풍경 묘사가 갖는 힘

소설에서는 인물만이 아니라 풍경도 묘사된다. 그런데 소설에서 풍경이 묘사되는 이유는 무엇일까?

앞장의 첫머리에서 '왜 소설에는 인간이 등장하는 것일까?'라는 의문을 살펴보았다. 인간이 등장하지 않는 소설은 상상하기 어렵지만, 풍경이 나타나지 않은 소설은 그렇게 상상하기 어렵지 않다. 아니, 그런 소설은 실제로 많이 있고, 특히 최근에는 점점 더 많아지고 있다.

그런데 풍경이 나타나 있지 않은 소설이 많아지는 까닭이 무엇일까? 독자의 입장에서 짐작해보면, '미처 거기까지는 생각이 미치지 않았다'는 것이 솔직한 이유가 아닐까. 풍경이 전혀 (또는 거의) 나타나지 않은 소설이라고 해도, 대개 특정한 계절이나 시각은 나와 있다. 장소 또한 어딘가의 도시나 교외의 주택지를 배경으로 설정했다는 정도는 알 수 있다. 즉, 소설에 풍경이 나타나 있지 않은 것은, 의자만 하나 달랑 놓여 있을 뿐인 현대 연극과 같이 추상적인 공간을 의도한 것과는 달리 적극적인 이유에 따른 것은 아니다(즉, 미처 거기까지는 생각이 미치지 않았다).

한편 일단은 풍경이 나타나 있는 소설이라 하더라도, 대개의 경우는 각 장의 처음에 '강한 햇볕이 사정없이 내리쬐고 가로수의 잎은 칙칙하게 생기를 잃고 있었다'라는 정도의 문장이 두세 줄 나오는 정도일 뿐이다. 이 정도는 '도입으로서 편리'하다고 생각하거나 '소설에는 원래 풍경이 적당히 삽입'되는 것이라고 생각하는 타성에 빠져 있기 때문이라고 생각할 수밖에 없다.

소설에 풍경을 묘사하게 된 이유는 특정한 장소와 시간을 밝혀야 할 필요가 있었기 때문일 것이다. 사건이란 '어디인지 알 수 없는 장소'에서 일어나는 것이 아니라 장소와 밀접하게 결부되어 있기 때문이다. 소설은 텔레비전이나 영화, 사진이 없었던 시대부터 이미 존재했던 것이다. 그러므로 사건이 일어난 곳이 어떠한 장소였는지 독자에게 전달해야만 한다. 소설에 풍경을 묘사하기 시작한 것은 바로 이 때문이었다.

또 소설이 진화해가는 과정에서 도태되지 않은 채 여전히 풍경이 묘사되고 있는 것은 아마도 풍경 묘사가 소설에 힘을 실어주기 때문이 아닐까.

문자는 음악이나 연극(20세기에는 영화도 태어났다)에 비해 단조롭고 평면적인 표현 형태이다. 책을 읽는 장소 또한 보통은 실내이기 십상이다. 이 때문에 읽는 사람의 마음은 타성에 빠질 위험성이 크다(읽는 사람만이 아니라 쓰는 사람에게도 같은 위험성이 있다).

그래서 외부에 있는 풍경을 들여옴으로써 독자에게 자극을 준다고 할까, 단조롭게 되어가는 마음에 힘을 불어넣을 필요가 생긴다. 그것이 풍경의 힘이 아닐까 하고 나는 생각한다. 일상생활에서 뜰이나 공원을 만들고, 여행지에서 명승지라고 불리는 아름다운 풍경을 보면 기분이 상쾌해지는 것과 같은 메커니즘이다. 이와 같이 자연의 일부인 인간은 소설이라는 인공물을 만들 때에도 필연적으로(라고 나는 생각한다) 자연을 빌려 힘을 얻는 것이다.

심리 테스트에 대해 답하는 것과 같은 것

풍경은 소설에 힘을 주기도 하지만, 그와 동시에 독자와의 통로를 열기도 한다.

다음과 같은 심리 테스트가 있다고 하자.

'당신은 지금 길을 걷고 있습니다. 그 길의 모습이 어떠한지 머릿속으로 그려보십시오. 길가에는 나무가 서 있습니다. 그것은 어떤 나무인지 떠올려보십시오. 나뭇가지에 동물이 한 마리 앉아 있습니다. 그것은 어떤 동물입니까? 길 한가운데에 병이 놓여 있고, 그 속에 물이 담겨 있습니다. 그 병의 재질과 모양은 어떻습니까? 물은 어느 정도 담겨 있습니까? 지금 당신이 걷고 있는 것은 몇 시쯤이고 계절은 언제입니까?'

풍경을 나타내는 작업은 여기에 있는 심리 테스트의 질문에 답해가는 일과 비슷한 작업이라고 생각한다.

물론 실제 심리 테스트에서는 피실험자의 이미지가 어떤 내용인가 하는 것이 문제가 된다. 예를 들어 나뭇가지에 있는 동물은 당신의 자기 이미지이고, 병 속의 물은 당신의 지금의 만족도를 나타내고 있으며, 길은 당신이 지금까지 걸어왔던 인생의 상징이고……, 이런 식으로 해석된다. 하지만 소설을 쓸 때는 그런 해석 같은 것은 아무래도 좋다.

내가 이 심리 테스트를 해보면, 시각은 저녁 무렵이고, 길은 한적한 시골길이며, 가는 곳은 어둡고……, 등의 이미지가 곧바로 나온다. 누구나 이런 심리 테스트의 질문에는 곧바로 답을 내놓을 수 있을 것이다. 답으로 나오는 이미지는 그 사람에게 가장 자연스럽고 잘 어울리는 풍경일 것이다. 그러므로 우선은 그 풍경에 대해 열심히 써보도록 하자. 이렇게 해서 쓴 글에는 반드시 글을 쓴 사람의 마음속에 있는 '어떤 것'이 담겨진다. 그것은 심리학의 해석을 뛰어넘는 좀 더 깊고 넓은 '어떤 것'이다. 그리고 이 '어떤 것'이 읽는 사람과의 통로가 된다.

물론 읽는 사람은 읽는 사람대로 '어떤 길이지?'라고 질문을 받으면 '구불구불 구부러진 길'이라고 답할지도 모르고, '시각은 이른 아침'이라고 할지도 모른다. 그러나 쓰는 사람과 읽는 사람의 그러한 차이는 표면적인 것으로서 진정한 커뮤니케이션을 하는 데는 상관이 없다. 중요한 것은 자신 속에 있는 '어떤 것'을 정성껏 내보이는 것이다. 그렇게 하면 쓰는 사람은 반드시 읽는 사람과 이미지를 공유할 수 있으며, 그것이 바로 통로가 되는 것이다.

통로란 소설을 통해 쓰는 사람이 호소하고 싶은 주제, 메시지, 강렬한 심정보다 더 앞선다. 호소하고 싶은 것, 느껴주었으면 하는 것 등은 이 통로가 열려 있지 않으면 독자에게 전달되지 않으며, 독자의 마음속에서 솟아나지 않는다. 소설의 이상적인 형태는, 쓰는 사람이 소설 속에서 하나하나 쌓아가는 과정과 동일한 과정을 독자 또한 밟아가는 것이다. 그러나 그것은 "이렇게 과정을 밟으시기 바랍니다."라고 원하는 것만으로는 무리가 있다(선생님이 '잘 들어!'하고 말로만 해서는 학생이 잘 듣지 않는 것처럼). 작가는 독자가 소설과 공감할 수 있는 장치를 만들어야만 한다. '통로를 연다'는 것은 그러한 의미이다.

 심리 테스트에서의 '길'의 이미지는 개인에 따라 상당히 고정되어 있다. 그러나 그 길이 소설에 나오는 길이라면, 그 길은 개인의 고정된 이미지를 떠나 소설의 흐름이 요청하는 '길'이 된다. 자신에게 고정된 길이 아니라, 소설이 요청하는 '길'이기 때문에 그 이미지는 쉽게 떠오르지 않을지도 모른다. 하지만 아무리 시간이 많이 걸려도 꿋꿋이 버티면서 가장 어울린다고 (자연스럽다고) 느껴지는 이미지가 떠오를 때까지 몇 번이건 써보는 수밖에 없다. 그 결과 당초 생각했던 소설의 모습과 많이 달라진다고 해도 그것은 그것대로 어쩔 도리가 없다.

 반복해서 말하지만 소설이란 자아가 쓰는 것이 아니다(그것이 출발점이라고 해도). 소설이 그때까지 창출한 흐름(운동)을 자기 쪽으로 끌어당기려고 하는 것도 아니다. 소설의 흐름에 따라 쌓여가는 것이다. 그러므로 예정이 변경되거나 사전에 없었던 이미지가 나타나면, 그것은 소설로서의 운동이 시작되었다는 뜻이므로 오히려 즐거워해야 한다.

풍경을 그려내는 것의 어려움

그러나 풍경을 묘사하는 것은 쉽지 않다. 그렇지만 쉽지 않기 때문에 그것이 갖는 힘을 소설에 주입할 수 있으며, 독자와의 통로를 열 수도 있다. 그 어려움은 표현한다는 것, 즉 무엇인가를 재현한다는 것의 기원과도 관련이 있다.

그림을 예로 들어보자. 선과 농담濃淡만으로 이루어져 있고, 모양도 뚜렷하지 않은 얼룩처럼 보이는 데생이 타인에게는 어떻게 '그림'으로 전달되는 것일까? 어떤 화가가 돌을 데생했다고 하자. 그런데 어떻게 해서 종이 위에 그려진, 선과 농담만으로 이루어진 얼룩이 우리에게는 돌이라고 이해되는 것일까? 다시 말해 3차원 공간인 외계를 그림이라는 2차원의 종이 위에 옮겨놓았을 때, 우리는 어떻게 그것이 3차원 공간의 재현이라는 것을 알 수 있을까?

이에 대해 어떤 미술평론가는 "화가가 자신의 몸과 몸에 의한 운동을 사용하여 3차원 공간에 있는 대상을 2차원으로 강제로 밀어 넣었기 때문이다"라고 했다.

아이들은 모두 그림을 그린다. 그것은 아이들이 이 세계에 그림이라는 것이 있다는 것을 알고 있기 때문이다. 예를 들어 꽃 그림을 그리는 아이는 꽃 그 자체를 그리고 있는 것이 아니라 꽃 그림을 보고 꽃 그림을 그리고 있을 뿐이다. 자신의 앞에 그림이 없어도 그림을 완성시킬 수 있는 것은 진정한 의미에서의 화가밖에 없다.

소설에 대해서도 비슷한 말을 할 수 있다고 나는 생각한다. 소설을 읽는 사람이 눈으로 보는 것은 글자뿐이다. 그러나 풍경 묘사를 읽으면 읽는 사람 나름으로 거기에 묘사된 풍경을 머릿속에 떠올릴 수가 있다. 이것은 어찌 보면 참으로 신기하고 경이로운 일이다. 화가가 3차원의 세계를 평면에 밀어 넣듯이, 소설을 쓰는 사람 또한 3차원의 풍경을 글자로 바꾸고 있는 셈이다. 그래서 거기에는 강제적인 힘이 가해지고 있다.

풍경을 나타내는 것이 어려운 본질적인 이유는 바로 여기에 있다. 3차원인 풍경을 글자로 변환한다(밀어 넣는다)는 것은, 다른 말로 하면, 시각이라는 확산적인(병렬적인) 형태를 단선적인 흐름으로 읽을 수 있는 글자라는 직렬적인 형태로 변환하는 것이다.

아래의 인용 (1)은 내 《컨버세이션 피스》의 한 부분인데, 겨우 이 정도 길이의 문장을 쓰는 데 하루가 더 걸렸다. 나 스스로도 첫째 날은 조금 머리가 둔한 상태가 아니었을까 하고도 생각하지만, '남쪽 빈터~약간의 빛으로 충분'의 100글자 조금 넘는 부분을 수십 번이나 고쳐 써야 했다. 카메라로 말하면 앵글을 결정할 수 없었기 때문이다.

(1) 느티나무를 올려다보고 있는 사이, 찌르찌르 찌르찌르 하고 가느다랗게 우는 벌레소리가 사방에서 들려오고 있다는 것을 깨달았다. 벌레소리를 들으면서 5, 6분 걸어서 집 앞에 닿았다. 거기에서 남쪽 빈터의 건너편에 빙 둘러쳐진 담 너머로 집을 보자, 협

죽도^{夾竹桃}와 감탕나무의 검은 윤곽 앞쪽에 형광등이 켜 있는 1층 방이 있다는 것은 알고 있었어도, 차양과 담에 가려져 방 안까지는 보이지 않았다. 불빛이라고는 새고 있는 약간의 빛으로 충분해서, 작년 여름 나와 아내와 고양이밖에 없었던 집과는 달리 큰어머니가 있고 큰아버지도 있는, 어렸을 적에 나오^{奈緒} 누나와 기요토^{淸人} 형을 따라갔던 축제에서 돌아왔을 때에 본 이 집의 불빛이 생각났다.

 이것은 실제로는 존재하지 않는 광경이기 때문에 직접 보러 가는 것은 불가능하다. 담이 있고, 정원수가 있고, 그 앞 1층에 방이 있는 것인데, 거기에서 새어나오는 불빛이 빈터 하나를 사이에 둔 곳에서는 어떤 식으로 보이는 것일까? 막연한 이미지는 얼마든지 떠오르지만, 그것은 실은 몇 개의 앵글이 합쳐져서 떠오르고 있는 이미지일 뿐이다. 한 군데에 고정시키려고 하면, 각각의 앵글에 잡힌 이미지는 애매하기 때문에 형태가 뚜렷하지 않다는 것을 금방 알 수 있다. 그리고 이 100글자가 조금 넘는 부분은 순전히 시각적이기 때문에 청각의 도움이나 기억의 도움을 빌리는 것은 불가능했다.
 다음 인용 (2)는 같은 소설 《컨버세이션 피스》의 다른 부분이다. 걷는 움직임이 축이 되어 있는 풍경으로서 인용 (1)만큼 어떻게 써야 할지 몰라 애먹지는 않았다.

 (2) ……집을 보고 있던 빈터 앞을 떠나 역 쪽으로 걷기 시작하

자, 강한 햇빛을 받으며 짙은 녹색 잎을 무성하게 드리우고 있던 벚나무와 감탕나무, 그리고 아스팔트에 투영된, 선명한 윤곽의 나무 그림자가 차례로 눈에 들어와서, 겨우 1분 전에 보고 있었던 집도, 집을 보면서 떠올랐던 생각도 깨끗이 몰아내고 있었다.

백일홍이 진분홍의 선명한 색으로 나무 전체를 뒤덮고, 능소화가 소나무 줄기에 두툼한 덩굴을 감아 높이 기어오르며 남국의 꽃 같은 오렌지 빛 꽃을 피우고 있었다. 담에 몇 가닥 뻗어 있는 실에 풍선덩굴풀이 가느다란 줄기를 휘감고서 둥글고 작은 열매를 매달고 있고, 그 담 너머에는 높이 뻗은 협죽도가 가늘고 길게 짙은 녹색 잎을 무성하게 드리우며 복숭앗빛 꽃을 가득 피우고 있었다. 화분에는 몇 번이나 이름을 듣고도 잊어버린 작은 나팔꽃처럼 생긴 꽃이 피어 있고, 그 옆 화분에는 해바라기가 한 그루 뻗어 있었다. 주차장 구석에는 분꽃이 피어 있고, 차 아래에서 자고 있던 고양이는 내가 바로 옆을 지나가도 꼬리 한 번 움직이지 않았다. 산울타리 틈새로 이쪽을 바라보고 있던 리트리버도 나를 다만 눈으로만 쫓을 뿐이었고, 그 안에서는 똑바로 줄기를 뻗고 있는 하얀 무궁화 꽃이 약한 바람에 천천히 흔들리고 있었다. 초등학교 3학년 정도의 여자아이가 혼자서 지루한 듯 빈 깡통을 차면서 걸어가고 있었는데, 그 아이를 앞지르고 나서도 잠깐 동안은 까랑까랑 빈 깡통 구르는 소리가 들려오고 있었다.

풍경 묘사에는 '풍경을 볼 때의 시간의 길이'와 '묘사한 풍경을 읽을 때의 시간의 길이'가 서로 다르다는 문제가 있다. 예를 들어 인용 (1)에서는 조금 떨어진 장소에서 집을 한번 흘끗 보았을 뿐이라는 인상을 떨쳐버릴 수 없었다는 것도 어려움의 원인 가운데 하나였다.

현대 문학 가운데에는 '보는 시간의 길이'와 '읽는 시간의 길이'의 차이를 거꾸로 이용해 보이는 것을 모두 세세하게 써서 과도한 길이를 풍경 묘사에 쓰는 수법(이것을 '시니피앙의 유희'라고도 이야기한다)도 있지만, 이것 또한 일종의 도피가 아닐까 하는 생각이 든다.

확실히 수초 동안 본 풍경을 읽는 시간 수초 안에 재현할 수는 없다. 하지만 읽는 시간은 보통 살아가는 시간과는 다르기 때문에, 수십 초 걸려서 읽는 정도라면, 읽는 사람에게 수초 동안 본 풍경이라는 인상을 주는 것은 가능하지 않을까? 그래서 시계視界 안에 있는 물체 가운데 어떤 물체를 선별할까 하는 문제뿐만 아니라 어떤 순서로 써야 할까 하는 문제도 생겨나게 된다.

다음의 인용 (3)은 토마스 만의 《마의 산》이다.

(3) 눈 아래로는 그가 지난밤에 올라온 구불구불한 차도가 요양소까지 기어오르고 있었다. 짧은 줄기의 별 모양 용담龍膽이 경사면의 젖은 풀 속에 피어 있었다. 고원의 일부는 담으로 둘러싸여 정원으로 만들어져 있었고, 거기에 자갈길과 화단이 있고, 거대한 가문비나무의 아래에는 인공 동굴도 있었다. 함석지붕 아래에 침대의자를 늘어놓은 요양실이 하나 남쪽을 향해 세워져 있고, 그 옆에 적갈색으로 칠해진 깃대가 하나 서 있고 깃대에 달려 있는

깃발이 때때로 바람에 펄럭이고 있었다. 녹색과 백색의 어느 나라 국기도 아닌 깃발로, 한가운데는 의학의 상징인 뱀이 감긴 아스클레피우스의 지팡이가 도드라지게 색이 칠해져 있었다.

주인공이 처음으로 사나토리움에서 하룻밤을 자고, 다음 날 아침 발코니에서 건물 주위를 둘러보고 있는 장면이다. '눈 아래'의 '지난밤에 올라온' 차도에서 시작하여 하나하나의 물체가 그의 시선의 움직임에 따라 씌어져 있다.

다음 (4)는 《안나 카레니나》에서 인용한 것이다. (3)이 주인공의 시선이 움직이는 것을 따라 쓴 것인데 반해, 이것은 누구의 시선도 아니다.

(4) 한동안 봄은 활짝 피지 못한 채 지나가고 있었다. 단식재가 있는 마지막 한두 주일은 계속해서 날씨가 맑고 추웠다. 낮에는 햇볕이 내리쬐었지만, 밤에는 영하 7, 8도까지 내려갔다. 낮에 녹았던 눈이 다시 얼어붙어 길이 아닌 곳이라도 짐썰매가 자유롭게 다닐 수 있었다. 부활절은 눈 속에서 지나갔다. 그러다가 부활절 다음 날에는 갑자기 따뜻한 바람이 불어오더니, 검은 비구름을 싣고 와서는 사흘 밤낮을 따뜻한 봄비가 내렸다. 목요일엔 바람이 멎는 대신, 자연의 품속에서 이루어지는 신비한 변화를 감추려는 듯이 안개가 짙게 끼어 자욱했다. 안개 속으로 강물이 넘쳤고, 얼음 덩어리가 깨져 흐르기 시작했으며, 탁한 급류는 거품을 일으키며 전보다 더욱 빨리 흘러내렸다. 그리고 부활절 다음 월요일에는 저녁

부터 안개가 걷히기 시작하더니 비구름이 뭉게구름이 되어 흩어졌으며, 하늘이 맑게 개었다. 이제 진짜 봄이 열린 것이었다. 다음 날 아침이 되자, 태양이 눈부시게 빛나며 물 위를 덮었던 얇은 얼음을 재빨리 녹였고, 따뜻한 공기는 대지에서 무럭무럭 피어오르는 수증기에 아롱거리기 시작했다. 겨울을 난 풀도, 뾰족하게 머리를 내민 어린 풀도 모두가 파릇파릇해졌고, 백당나무와 까치밥나무, 끈적끈적하고 냄새가 좋은 자작나무의 새싹들도 나오기 시작했다. 황금빛 꽃을 뿌려놓은 듯한 버드나무 가지 위로는 꿀벌들이 붕붕거리며 날아다녔다. 녹색 우단을 깐 듯한 밭과, 얼음으로 덮인 경작지에서는 눈에 띄지 않는 종달새들이 종알댔고, 갈색 물이 괴었다가 넘치는 웅덩이와 늪에서는 댕기새 떼가 울어댔으며, 학과 기러기는 구구거리며 봄다운 소리를 내면서 하늘 높이 날고 있었다. 목장에서는 아직 털갈이가 덜 끝난 가축들이 듬성듬성한 몸으로 울고 있었으며, 다리가 휘어진 어린 양들은 털을 깎여 울부짖는 어미 양의 둘레를 뛰놀고 있었다. 바지런한 어린아이들은 맨발 자국이 남아 있는 깔깔한 오솔길에서 달음박질하고, 시냇가에서는 아낙네들이 빨래하면서 떠드는 명랑한 소리가 들려왔으며, 집집마다 마당에서는 가래와 써레를 손보는 농부들의 도끼 소리가 울려 퍼졌다. 이젠 정말 봄이 온 것이었다.

그런데 이 인용문에는 단지 풍경만이 아니라 계절의 변화까지 쓰여 있다. 잘 읽어보면 알 수 있겠지만, 나무나 학이나 어린 양뿐만 아니라, 비나 구름까지 모든 것이 움직이는 물체로서 묘사되어 있다.

그러면 다음의 체호프의 《이오니치》(인용 (5))는 어떨까?

(5) 그는 4, 500미터쯤 들판을 달렸다. 묘지는 멀리 검은 띠처럼 나타났고, 마치 숲이나 거대한 정원처럼 보였다. 하얀 돌담과 문이 보이기 시작했다. ……달빛 속에서 문 위에 적힌 '……때가 오리라' 라는 글자를 읽을 수 있었다. 작은 문을 통해 안으로 들어간 스타르체프가 처음으로 본 것은 폭넓은 가로수 길의 양쪽에 늘어선 하얀 십자가들과 비석들, 그리고 그들의 검은 그림자와 포플러나무의 그림자였다. 멀리까지 희고 검은 풍경이 넓게 퍼져 있었고, 졸고 있는 듯한 나무들이 가지를 하얀 돌 위에 늘어뜨리고 있었다. 이곳은 들판보다 더 밝은 듯이 보였다. 새발처럼 생긴 단풍나무 잎은 가로수 길의 노란색 모래와 돌길 위에 뚜렷하게 떠올랐고, 비석의 글자도 명료하게 읽을 수 있었다. 처음 스타르체프를 감동시켰던 것은 태어나서 지금 처음으로 목격하고 놀라는, 두 번 다시 볼 기회는 없을 것이라고 생각되는 이 광경이었다. 다른 어느 것과도 비슷하지 않은 세계, 달빛의 요람의 땅이기라도 한 것처럼 달빛이 부드럽고 아름다운 세계. 여기에 생명은 전혀 존재하지 않았지만, 검은 포플러나무 한 그루 한 그루에, 하나하나의 무덤에 고요하고 아름다운 영원의 생명을 약속하는 신비한 존재가 머물고 있는 듯이 느껴졌다. 돌길과 시든 꽃잎은 가을의 냄새와 함께 용서와 슬픔과 평화를 얘기하고 있었다.

주위는 정적 그 자체였다. 이 깊은 화해 속에서 별들은 하늘에서 아래를 내려다보고, 스타르체프의 발소리는 묘하게 날카롭고, 그곳에 어울리지 않게 울려 퍼졌다. 그리고 교회의 종이 때를 알리기 시작하고, 자신이 죽어서 이곳에 영원히 묻히는 모습을 상상해 보았을 때, 비로소 누군가 바라보고 있는 듯한 생각이 들어 스타르체프는 잠깐 동안 생각에 잠겼다. 이것은 평화도 고요함도 아니고, 사라진다고 하는 것의 소리 없는 슬픔, 억눌린 절망인 것이었다……

이 작품의 전반부는 걸으면서 눈에 들어오는 것들(즉 (2)와 같은 방법)에 대한 묘사인데, 첫 번째 단락의 끝부분부터 풍경이 갑자기 추상적 개념을 불러 모으기 시작한다.

이 네 인용문에서 알 수 있는 것은, 같은 풍경 묘사라 해도 순전히 시각적인 풍경 묘사는 하나도 없다는 것이다. 무엇인가의 움직임 또는 움직임과 함께 묘사하는 것이 바로 풍경이다.

풍경을 그려냄으로써 비로소 문체가 생겨난다

앞에서 인용한 어떤 글도 풍경 전부를 나타내지는 않았다. 무엇을 쓰고 무엇을 쓰지 않을지 취사선택이 이루어져 있고, 그렇게 해서 선별한 풍경을 어떤 식으로 늘어놓아야 풍경을 제대로 재현할 수 있을까 하는 '출력의 운동(이것이 직렬로 만드는 작업이다)'을 바탕으로 씌어 있다.

의외일지도 모르지만 이것이 문체의 발생이며, 내 생각으로는 문체란 바로 이 작업의 흔적이다(그러므로 번역문이라도 충분히 문체를 알 수 있다).

'흔적'은 '성과'라고 바꾸어 말할 수도 있다. 같은 돌을 그리더라도 화가 한 사람 한 사람에 따라 전혀 다른 터치의 데생이 완성되는 것은 거기에 화가의 신체가 개재하고 있기 때문이다. 그러나 진정한 의미에서 소설을 쓰는 행위 속에 신체를 개재시킬 수 있는 것은 풍경뿐이다.

격렬한 운동을 묘사하든, 추상적 개념을 다루든, 거기에 경험이나 지식 또는 세계에 대한 작가 자신의 느낌을 중첩시키지 않으면 쓸 수 없는 것이 풍경이다. 그리고 그것이 바로 소설가의 '신체'이다.

문체라고 하면, 말의 쓰임이 가볍다거나 부드럽다거나 문장이 짧고 시원시원하다거나 계속해서 질질 길게 이어진다거나 하는 차이라고 생각하기 쉽다. 하지만 이것은 너무나도 표면적이고 즉물적인 견해다. 이런 것이 문체라면, 테크닉만 잘 연마하면 누구나 '좋은 문체' '맛이 있는 문체'를 쓸 수 있다는 말이 된다. 그러나 그것은 실제 꽃이 아니라 꽃 그림을 보고 꽃을 그리는 아이들이 그리는 그림의 수준을 넘지 못한다.

소설의 문장이 문장독본에 나오는 글처럼 '명문'일 필요는 전혀 없다. 아니, 소설의 문장은 기존의 '명문'과 적극적으로 대결하지 않을 수 없는 구조를 지니고 있다. 3차원을 문자로, 병렬을 직렬로 만드는 강제적인 작업의 결과로 태어나는 문장은 이른바 명문이나 미문뿐만 아니라 술술 읽히는 문장이나 의미를 잘못 파악할 수 없는 명확한 문장이라는 규범에서도 벗어나지 않을 수 없다.

그것은 '규범이라는 추상'과 '한 사람 한 사람의 신체의 구체성'의 대결이라고도 말해도 좋다. 앞에서 인용한 토마스 만과 톨스토이, 체호프의 풍경 묘사는 아무리 봐도 거칠 것이 없고, 이것은 이것대로 명문처럼 보일지 모른다. 하지만 주의해서 읽어보면, (5)의 추상은 조금 갑작스럽고, (4)는 과장이 지나치다. (3)에서는 별 모양 용담^{龍膽}, 인공 동굴, 요양실, 깃발의 무늬 등 등 크기가 극단적으로 다른 것이 한꺼번에 나열되어 있어서, 하나하나 머릿속에 그려보려고 하면 의외로 피곤하다.

이렇게 매우 자연스럽게 읽히는 글 속에 포함되어 있는 부자연스러움, 곧 강제성이 소설가의 개성의 반영이자 문체인 것이다.

그리고 이것이 소설의 전체(또는 소설의 생성)를 지탱하는 힘이 된다. 다시 말해 진정한 의미에서의 리얼리티를 만들어 낸다.

내가 이러한 의미에서의 문체에 연연해하는 까닭은, 소설이라는 매체가 거기에 씌어 있는 것을 독자에게 '실감'시켜야만 하는 매체이기 때문이다. 음악이나 그림도 이런 점에서는 마찬가지이지만, 소설은 음악이나 그림과는 달리 소리나 색채, 구도와 같은 직접적인 매체가 따로 있지 않다. 소설은 단순한 문자, 곧 기호의 나열이기 때문에 $y=\sqrt{2}x+3$과 같이 개성을 일체 배제한 수식처럼 되어 버릴 위험성을 늘 안고 있는 것이다.

쓰는 방식에 나타나는 문체

어떤 작가의 글이 독자의 마음을 파고드는 것은 그 글이 다른 사람이 아닌, 바로 그 작가가 쓴 글이기 때문이다. "그 글을 읽으면 그 작가의 육성이 들려오는 듯하다"고 표현하는 사람도 있을 것이다. 이런 작가의 개성이 담긴 문투와 동질의 것을 소설에서 찾는다고 하면 풍경을 묘사하는 방식이라고 나는 생각한다.

사람들이 흔히 생각하는, '가볍다 – 부드럽다' '길다 – 짧다' 정도의 문제는 형식/내용의 이분법을 뛰어넘지 못한다. 소설에서는 형식과 내용을 별개의 것으로 생각해서는 의미가 없다(평론가는 그러한 논지를 펴고 싶어 하지만). 그러므로 소설에서는 '어떤 풍경을 어떻게 쓸까?' 즉, 내용을 어떻게 쓰느냐가 문체를 결정한다.

다음의 인용 (6)은 다카무라 가오루高村薫의 《리오우李歐》라는 작품에 있는 풍경 묘사인데, 다카무라 가오루의 등장인물들의 내면은 그대로 이 풍경에 의해서 태어난다.

(6) 창을 열면 우선 울창한 협죽도 숲이 있다. 그 너머에는 작은 공장의 빨갛게 녹이 슨 경사진 함석지붕이 있고, 그 지붕 위로는 오른편의 교회 부지에 서 있는 커다란 벚나무가 가지를 드리우고 있다. 이사하던 날, 그 벚나무는 다른 어느 곳보다도 일찍 만개를 맞고 있어서 하늘의 절반이 옅은 꽃 색깔이었다. 창 아래 정면으로 보이는 것은 그 벚나무의 그늘 속에 서 있는 교회당의 첨탑이다. 그 옆에는 사제관의 지붕과 부속 유치원의 지붕이 있고 작은

운동장이 펼쳐져 있다.

잡다한 공장과 창고, 아파트가 들어선 사이를 누비며 일방통행의 골목이 기어가고 있고, 버스길에서 얼마 떨어져 있지 않은데도 골목을 몇 번이나 굽어들지 않으면 닿을 수 없는 그곳은 아이의 눈에는 거의 유원지의 동화 나라 같았다. 한가운데는 벚나무를 비롯해 협죽도와 떡갈나무, 졸참나무, 산딸나무, 등나무, 매화나무, 서양산딸나무 들의 녹색 잎 사이로 하늘을 향해 솟아 있는 성의 첨탑도 있었다. 또 성의 삼면을 둘러싸고 여러 겹의 공장의 지붕 아래에서는 한 번도 들어본 적이 없는 불가사의한 소음이 동동동, 끼익, 가샹, 가샹, 캉캉캉 하고 활기차게 들려오고 있었다.

풍경의 두께가 인물의 두께와 평행을 이루고 있다고 할 수도 있고, '풍경을 두툼하게 쓰겠다'는 의지가 '인물을 두툼하게 만들어내겠다'는 의지와 같은 곳에 기원을 두고 있다고 할 수도 있을 것이다. 어쨌든 얄팍한 풍경밖에 묘사하지 않았다면 다카무라 작품 특유의 인물들은 태어나지 못했을 것이다.

작가는 풍경을 묘사함으로써 단련된다

끈덕지게 반복하게 되지만, 여기에 인용한 어떤 풍경도 결코 쉽게 쓴 것이 아니다. 인용 (2)에서 능소화의 덩굴이 소나무를 어떤 모습으로 감고 있는지는 씌어 있지 않다. 인용 (3)에서도 '구불구불한 차도'가 어떤 식으로 굽어 있는지, 별 모양 용담龍膽이 피어 있는 경사면이 어느 정도의 경사인지, 그 규모는 어느 정도인지도 씌어 있지 않다.

  독자는 이런 풍경 묘사를 읽으면서 이미지를 일일이 머릿속에서 떠올려보지는 않는다. 씌어 있는 말로부터 적당히 이미지를 만들어낸다. 이것이 독자가 이해하는 방식이다. 그러나 작가는 '아주 정확한 형상까지는 쓸 수 없다', '이 이상 세밀하게 쓰면 오히려 흐름을 놓치게 된다……' 등등 여러 가지를 생각하고 시행착오를 거듭하면서 써나간다.

  청각이나 촉각 또한 매우 미묘한 것이라 때로는 말로 표현할 수 없을 때가 많다. 그러나 시각은 말에 대해서 압도적으로 독립성이 강하다. 그러므로 눈에 보이는 것을 말로 치환할 때에는 그때그때 맨 처음 본 것을 글로 쓰려고 고심하지 않을 수 없다. 소설을 쓴다는 행위는 이미 알고 있는 것을 반복해서 쓰는 것이 아니라, 미지의 길을 열어가는 것이다. 따라서 풍경을 묘사한다(또는 넓게 '본 것을 쓴다')는 행위는 그대로 소설을 쓰는 행위의 본질이 압축된 것이라고도 할 수 있다.

  작가는 풍경을 묘사함으로써 단련된다. 끈기가 생기고, 끈기가 생김으로써 인물에 대한 기술이나 전체적인 전개 또한 형식적인 흐름과 타협하지 않게 된다. 그리고 막다른 곳에 부딪혀서도 버텨내며 몇 번이고 다시 고쳐 쓸 수 있게 된다. 소설가가 소설을 씀으로써 성장할 수 있는 것은 어려운 상황을 대충 때우려 하지 않고 거기에서 버텨내기 때문이다.

우리는 흔히 '힘이 없다'는 말을 하지만, 프로 소설가에게만 힘이 있고, 소설가가 되고 싶어 하지만 못 되는 사람에게는 힘이 없는 것은 아니다. 그 사람들은 있는 힘을 다할 수 없는 (있는 힘을 다하는 방법을 모르고 있는) 것이지, 힘 그 자체는 프로인 사람이나 그렇지 않은 사람이나 원래는 같을 수밖에 없다. 힘은 다하지 않으면 붙지 않는다. 힘을 다할 수 있게 되기 위해서는 그때그때 고심하며 써나가는 수밖에 없다. 그를 위한 가장 좋은 훈련 대상이 풍경인 것이다.

풍경을 잘 묘사할 수가 없다면, 사진을 찍거나 스케치를 해서, 그것을 보면서 써보는 것도 좋다. 어쨌든 풍경을 묘사하기를 바란다. 풍경 묘사하기를 계속하다 보면, 소설의 문장도 소설의 내용도, 그리고 소설의 전개도 모두가 달라질 것이다.

6
스토리란 무엇인가

소설에 흐르는 시간

왜 스토리를 만드는 것은 어려운 것일까?

 소설의 스토리에 대해 생각하기 이전에 '재미있는 소설'이란 어떤 소설인지 한번 생각해 보자.

 먼저 나에게 있어서 '재미있는 소설'이란 맨 첫째 줄을 읽고 나면 다음 줄도 읽고 싶어지고, 그 줄을 읽고 나면 또 다음 줄도 읽고 싶어지고…… 라는 식으로 계속되다가, 마침내 정신을 차렸을 때에는 맨 마지막 줄까지 다 읽고 말았다, 라는 그런 소설이다.

 내 소설을 읽고 호사카 가즈시라는 인간에 대해서 특정 이미지를 갖게 된 독자들에게는 뜻밖일지도 모르지만, 나는 매우 싫증을 잘 내는 사람이다. 나는 재미가 없으면 견디지를 못한다. 세상에는 일단 읽기 시작한 소설을 끝까지 읽지 않으면 기분이 찜찜하다는 사람이 상당히 많지만, 나는 처음 10페이지 정도 읽고 나서 재미가 없으면, 그 다음부터는 읽지 않는다. 설령 300페이지짜리 소설에서 250페이지까지 다 읽었다고 해도, 거기에서 재미없다고 생각하면 나머지는 읽지 않는다.

 내 자신이 이런 식이기 때문에, 소설가는 언제나 다음과 같은 생각을 하고 있어야 한다고 생각한다. 맨 첫 번째 줄부터 맨 마지막 줄까지 잠시도 쉬지 않고 독자의 흥미를 붙들고 있으려면 어떻게 해야 할까.

 다시 스토리 이야기를 해보자. 스토리란 독자의 흥미를 마지막까지 계속해서 묶어두기 위한 방법 가운데 하나이다.

하지만 그런 스토리를 만드는 것은 매우 어렵다.

그 한 가지 이유는 20세기 후반부터 21세기에 이른 지금, 윤곽이 뚜렷한 스토리란 스토리는 전부 다 이미 세상에 나와 있다는 것이다.

이런 이야기가 있다. 옛날에 선교사 한 사람이, 식인종이 사는 섬에 가서 섬의 주민들에게 사람을 먹어서는 절대 안 된다는 것을 목숨을 걸고 열심히 가르쳤다. 그러나 섬의 주민들은 선교사의 말을 조금도 이해해주지 않았다. 그러자 그 선교사는 '내일, 붉은 망토를 걸친 남자가 이 마을을 지나갈 터이니, 그 사람을 마지막으로 사람을 먹는 일은 이제 그만두시기 바랍니다'라고 말했다. 다음 날, 그가 말한 대로 마을에 붉은 망토를 걸친 남자가 찾아왔다. 섬의 주민들은 그 남자를 죽인 다음, 그 남자의 고기를 먹으려고 했다. 그런데 알고 보니 그들이 죽인 붉은 망토의 남자는 실은 바로 그 선교사였다. 그 뒤 그들은 더 이상 사람고기를 먹지 않게 되었다.

더 이상 뭐라 말할 수 없을 만큼 확실한 이야기이다! 이 이야기는 우리 어머니가 초등학교에 다니던 시절의 교과서에 실려 있던 이야기이다. 나는 초등학교 1학년 때쯤 어머니로부터 이 이야기를 들었다. 그 뒤 지금에 이르기까지 나는 이 이야기의 줄거리를 기억하고 있는 것인데, 그것은 1930년에 태어난 어머니도 아마 마찬가지일 것이다.

윤곽이 뚜렷한 이야기는 곧바로 우리 마음속을 파고든다. 어떤 메커니즘에 의해서 그렇게 되는 것인지는 평론가나 심리학자의 설명에 맡기기로 하자. 윤곽이 뚜렷하다는 것은 구두로 전달할 수 있다는 것이다. 거기에서는 인물 조형이나 세부적인 사건 등은 문제가 되지 않는다. 나는 스토리란 본래 그런 것이라고 생각하고 있다. 그런데 과연 요즘에도 이렇게 윤곽이 뚜렷한 스토리를 쓸 수 있을까?

어떤 이야기의 패턴이든 구약성경에 없는 것은 없다. 그런 의미에서 구약성경 이후에 씌어진 이야기는 많든 적든 그 변형에 지나지 않는다. 설령 '독자를 깜짝 놀라게 할 파란만장한 스토리'라는 광고 문구를 내걸 만한 장편소설이 나왔다고 해도, 그 구성을 잘 살펴보면 거의 전부가 기존 소설의 조합에 의해서 만들어져 있을 수밖에 없다.

그러나 독자들에게 아무리 이런 말을 해보아도, 독자들은 여전히 재미있는 스토리를 읽고 싶어 한다. 그 이유가 무엇인지 분석해보면, 그 소설이 예전에 나왔던 소설과 똑같은 이야기라는 말을 듣더라도, 보통의 독자는 평론가가 아니기 때문에, 패턴의 동일성 따위에는 전혀 신경 쓰지 않는다. 그래서 중세 유럽을 무대로 한 러브 스토리를 현대에 와서 형태를 살짝 바꾸어 쓴 소설이라도 충분히 즐길 수 있다. 경우에 따라서는 글을 쓰는 작가 자신이, 두 이야기의 패턴이 같다는 것을 모르고, '이것 참, 굉장한데!' 하고 생각할 수도 있다. 그것은 창조성이 없을 뿐이지, 표절은 아니다(넓은 의미에서 무지를 자각하지 못하는 것은 죄이지만).

'다음에 무슨 일이 일어날지 알 수 있기 때문에' 즐길 수 있다

　나 자신도 스토리의 즐거움을 전면적으로 부정하는 것은 아니다. 얼마 전까지는 텔레비전 만화 《십이국기十二國記》, 그 전에는 만화 《몬스터》와 《YASHA》, 조금 더 전에는 《신세기 에반겔리온》 등을 남들보다 갑절이나 더 재미있게 보았을지도 모른다. 그런데 나에게는 매일 그보다 더 즐기고 있는 스토리가 있는데, 그것은 야구 중계와 축구 중계이다.
　야구든 축구든, 중계를 하는 아나운서와 해설자는 꼭 '스포츠는 각본 없는 드라마다!'라든가 '야구(축구)에서는 무슨 일이 일어날지 모른다!'고 이야기한다.
　그러나 이것은 잘못된 말이다. 야구든 축구든 다음에 무슨 일이 일어날지 알 수 있다. 아니, 적어도 상상할 수는 있다. 한 점 앞서고 있는 9회 말에 구원투수가 나왔다고 하자. 다음에 일어나는 일은 방어에 성공하든지 실패하든지 둘 중에 하나뿐이다. 실패한다고 하면 사사구나 안타, 또는 에러로 주자가 나감으로써 시작될 것이다. 드물게는 두 타자에게 연속 홈런을 맞는 대실패도 있겠지만, 어느 쪽이나 '무슨 일이 일어날지 모르는' 것은 아니다.
　만일 구원투수가 나와서 마운드에 선 다음, 갑자기 회칼을 꺼내서 참치 회를 뜨기 시작한다면, 이것이야말로 진짜 '야구에서는 무슨 일이 일어날지 모른다'는 예로서 후세에 길이 화젯거리

6 스토리란 무엇인가 ｜ 139

가 되겠지만, 그런 일은 야구에서는 절대로 일어나지 않는다.

그런데 만일 구원투수가 정말로 회칼을 꺼내서 참치 회를 뜨는 일이 생긴다면, '야구에서는 무슨 일이 일어날지 모른다'는 생각조차 할 수가 없다. 사람들이 스토리를 재미있다고 느끼는 본질이 실은 여기에 있다고 나는 생각한다.

사람들이 스토리의 전개를 재미있다고 느낄 수 있는 이유는 스토리의 전개가 예측 범위 안에 있기 때문이다. 그 범위를 뛰어넘어 진정으로 예측 불가능하게 스토리가 전개된다면, 감상도 하기 전에 "???"하는 의문밖에 들지 않는다. 그러면 재미가 있기는커녕 "굉장한 반전인데!"라며 감동하는 것조차 불가능해진다.

스토리가 '재미있다'라고 생각됨과 동시에 '의외이다'라고 느낄 수 있기 위해서는, 스토리가 어느 정도 정형화되어야 한다. 그렇게 해야 '무슨 일이 일어날지 모른다'라든지 '앞으로 어떻게 될까?'라고 생각하면서, 독자 또한 다음 스토리의 전개를 미리 두세 가지 정도의 선택지로 압축해갈 수 있다.

아니면 이야기가 매우 순조롭게 진행되는 곳에 훼방꾼을 끼어 넣을 수도 있다. 예를 들어 좋아하는 여자에게 간신히 데이트 약속을 얻어냈는데, 데이트 장소로 가는 전철 안에서 옛날 애인과 만나게 된다…… 뭐 이런 식으로.

이것 또한 물론 '예측의 범위' 즉, 독자가 '잘 알고 있는 스토리의 전개'이다. 이렇게 되면 이제 이것은 장인의 세계이다. 그러므로 문제가 되는 것은 '만드는 솜씨'가 좋으냐 나쁘냐 하는 것일 뿐이다. 여기서는 '재미있다는 것은 어떤 것일까?' 하는 것은 우선 문제가 되지 않는다.

이야기꾼은 결말부터 역산한다

한편 '그렇게 하면 왜 안 되는 거지?', '책을 읽거나 드라마를 보는 재미는 그것이 전부 아닌가?' 하고 생각하는 사람은 스토리가 명확한 대중오락 소설을 목표로 할 것을 권한다.

인간에게는 외부에서 무슨 말을 들어도, 아무리 스스로 노력해도, 절대로 변할 수 없는 '틀' 같은 것이 있다. 그래서 스토리에만 반응하는 사람이 매우 많다. 이것은 어쩔 수가 없다. 그런 사람들이 명작이라고 불리는 많은 판타지나 미스터리를 만들어 내 왔기 때문에 나는 그것을 부정할 생각은 없다.

텔레비전의 토크쇼 프로그램에서 이런 일이 있었다. 작가 겸 연출가인 기노 하나木野花가 게스트로 나온 《유리가면》의 만화가 미우치 스즈에美內すずえ에게 다음과 같이 말했다.

"《유리가면》이 언제까지나 끝나지 않는 것은 작가인 미우치 자신이 이야기를 어떤 식으로 마무리지어야 좋을지를 모르고 있기 때문이 아닌가."

그러자 미우치가 조금 화가 난 듯이 이렇게 답했다.

"그런 말을 하는 사람들이 많이 있는데, 왜 그런 식으로 생각하는지 모르겠어요. 나는 작가예요. 그런데 지금 그리고 있는 작품을 앞으로 어떻게 할지 생각 안 할 턱이 없잖아요? 《유리가면》은 내 머릿속에서는 결말까지 이미 전부 완성되어 있다고요."

이 말을 들었을 때 (자세한 것은 조금 다를지도 모르지만), 나는 '이야기꾼이란 이런 사람이구나'라고 절실히 느꼈다. 여기에서 기노의 입장은 소설적인 것이었는데, 이런 시각도 있다는 것을 미우치는 이해하려 하지 않았다. 《유리가면》은 연재를 시작할 때부터 이미 충분히 낡은 스타일의 작품이었다. 하지만 낡은 스타일이라는 것을 알면서도 나도 죽 계속해서 보고 있을 정도로 재미있는 작품이다. 그런 스토리를 만들 수 있는 사람에게 기노 하나적인(소설적인) 관점 따위는 아무런 관계가 없다.

여기에서 미우치 스즈에는 매우 중요한 말을 하고 있다. 그것은 이야기꾼은 결말을 먼저 결정하고, 결말을 향해 이야기를 만들어간다는 것이다.

먼저 결말을 결정해두고, 그런 다음 결말에 이를 때까지의 몇 가지 중계점을 결말부터 역산하는 형태로 결정한다. 나중에는 이야기의 기로에서 세 개 정도의 선택지를 마련해놓는다. 아니면 이야기가 너무 순조롭게 진행된다고 생각되는 곳에 훼방꾼을 집어넣으면 된다. 나도 《또 하나의 계절》이라는 중편에서 이에 가까운 글쓰기 방식을 취했던 일이 있었는데, 나 자신도 놀랄 만큼 글쓰기가 쉬웠다. 써나가면서 즐겁기까지 했다.

이 '결말로부터의 역산' 방법은 실은 축소된 형태로 대개의 소설에 이미 사용되고 있다. 그것은 바로 '회상'이다.

소설에서 지금(현재 시점)에 이르기까지 무슨 일이 있었느냐 하는 것이 바로 회상이다. 회상이 글로 쓰기 쉬운 이유는, 회상이 지금(일종의 결말)으로부터 역산해서 나오는 이야기이기 때문이다(그래서 응모 소설에는 회상이 빈번하게 나온다).

'결말로부터의 역산'을 좀 더 넓게 잡으면, '사정 설명'이라는 것도 있다. 사정 설명 또한 회상만큼이나 글로 쓰기 쉽다. 이것은 아무래도 인간의 상상력이라는 메커니즘과 관계가 있는 듯하다. 과거에서 현재를 향해 날아오는 시간의 화살을 따르면, 이미지를 조립하기가 쉽기 때문에 그런 것이 아닐까?

보통의 스토리는 현재로부터 멀어져 가는 시간의 화살을 따르도록 되어 있어서 이미지를 조립하기가 어렵다. 그러나 이야기꾼이라고 불리는 사람들만은(아마 스스로도 의식하지 못한 채) 원래 '결말로부터의 역산'으로 만든 스토리를 시간의 화살의 방향을 현재로부터 멀어져 가는 것처럼 교묘하게 조작할 수 있는 것이 아닐까.

소설은 '읽고 있는 시간'에만 존재한다

그러나 그런 것은 소설이 아니다. 왜 그럴까?

우선 나는 소설이란 '쓰면서 자기 자신이 성장하는 것' 또는 '쓰기 전의 자신보다 쓰고 난 후의 자신이 더 성장해 있는 것'이라는 말을 해왔다. 결말이 쓰기 전부터 결정되어 있다면, 소설을 쓰면서 생각하고 성장한다는 것은 불가능하다.

물론 결말이 정해져 있다 하더라도, (1)자료를 조사하거나, (2)사람의 마음이 세부적으로 어떻게 움직이는지 등등을 생각해야 하기 때문에, 작가는 그 나름으로 성장할 수는 있다. 그러나 그것은 소설을 쓰는 행위 자체에 의한 성장이 아니라, 소설을 쓰는 행위의 주변에서 이루어지는 작업에 의한 성장에 지나지 않는다. 특히 (2)에서 일어나는 사람의 마음의 움직임은 목적지가 정해져 있는 움직임에 불과하기 때문에, 본래의 역동성을 상실한 예정 조화적인 움직임이 되지 않을 수 없다.

여기에서 소설의 두 번째 조건이 나온다. 즉, 소설은 '세부'가 전체를 움직인다고 하는 독특한 역학을 지니고 있는 표현 형태이다. 이 책에서 인물과 풍경에 대한 장을 스토리보다 앞에 두고 있는 것은 세부와 전체가 이런 관계에 있기 때문이다. 소설에 있어서는 세부는 보통 말하는 '세부적인 것에 불과'하거나 '겨우 세부적인 것'에 그치는 것이 아니다. 소설에서는 세부적인 것이야말로 전체를 결정해간다.

이것 또한 4장에서 인용한 베냐민의 《이야기꾼》 속에 나오는 말인데, 이야기란 밤중에, 차 안에 앉아 있는 사람들에 의해서 구전되어 온 역사를 지니고 있다. 즉, 이야기란 귀로 듣는 것이 그 본질이다.

이에 반해 소설이란 독자 혼자서 눈으로 읽는 것으로서 발달해 왔다. 한 사람 한 사람이 고독한 시간 속에서, 천천히 눈으로 읽어 감으로써, 문자로 창조한 복잡한 공간적 서술과 시간적 서술이 읽는 사람의 마음속에 몇 겹씩 쌓이거나 내부에 겹쳐지는 과정 그 자체가 소설이라는 표현 형태인 것이다.

 책을 다 읽고 난 뒤에, '이러이러한 사람이 있었는데, 이러이러한 일이 일어나서, 마지막에는 이렇게 되었다'라는 식으로 줄거리를 간추릴 수 있는 것이 소설(소설을 읽는 것)이라고 생각하는 사람이 많다. 하지만 그것은 완전히 잘못된 것이다. 소설이란 읽고 있는 시간에만 존재한다. 읽으면서 여러 가지 것을 느끼거나 생각하는 것이 소설이다. 여기서 느끼거나 생각하는 것은 그 작품에 쓰여 있는 것과는 동떨어진 것도 포함된다. 즉, 읽는 사람의 실제 인생과 관련이 있는 여러 가지와 서로 영향을 주고받는 것이 소설이다. 그때문에 작가는 세부적인 것에 힘을 기울인다. 소설에 대해 이런 생각과 태도를 지니는 것은 구체적인 기법을 배우는 것보다도 훨씬 더 절대적인 가치를 갖는다.

 기법 같은 것은 소설책 몇 권만 읽으면 누구나 그럭저럭 습득할 수 있다. 그리고 소설의 기법 같은 것은 '그럭저럭'이면 그것으로 충분하다. 소설이 어떤 모습을 지니고 있는지, 요컨대 '소설이란 왜 이런 형태를 취하고 있을까?'라는 질문을 잊는다면, 형태만 소설일 뿐 내부에서는 아무런 움직임도 없는 이상한 것밖에 태어나지 않는다. 되풀이해서 말한다면 멀리 돌아가는 것처럼 보이는 길만이 소설에 이르는 길이다.

도스토예프스키의 '열정'은 어디에서 생겨나는 것일까

　이야기가 조금 옆길로 새지만, 톨스토이가 《안나 카레니나》를 쓸 때에는, 도대체 어디까지 결말이나 전체의 흐름을 사전에 정해 두고 있었을까(또는 정해 두지 않았을까) 나로서는 결국 알 수 없다.

　1,000페이지를 넘는 소설에는 어떤 소설이든 엄청나게 많은 디테일이 삽입된다. 이렇게 삽입되는 디테일은 자연스럽게 기복이 많은 전체의 흐름을 만들어 낸다. 《전쟁과 평화》와 같이 역사적 사실을 바탕으로 한 소설을 쓸 수 있는 소설가이기 때문에, 톨스토이는 결말을 미리 정해 두고 소설을 쓰기 시작했을 것이라고 생각하는 편이 타당하다는 느낌도 든다.

　범죄를 다루는 텔레비전 프로그램에서는 하나의 범죄가 일어나면, 평론가나 심리학자가 사건에 이르기까지의 매우 단순한 인과 관계를 이야기할 뿐이다. 미스터리 소설도 대개의 경우, 그 범위를 벗어나지 않는다. 그러나 톨스토이는 범죄에 이르기까지의 주변 사정이나 심리 변화 등, 수많은 가능성을 하나도 놓치지 않는, 그야말로 '신'과 같은 능력을 지니고 있었을지도 모른다.

　톨스토이에 비하면 도스토예프스키의 시야는 '신' 정도의 넓이는 아닌 듯하다. 도스토예프스키의 진면목은 등장인물의 세계관을 매우 상세하고 길게 기술하는 데에서 나타난다. 도스토예프스키의 소설에는 풍경 묘사가 그리 많지 않으므로, 단독

출연이 만일 10분의 1밖에 없었다고 한다면,《죄와 벌》이나《카라마조프가의 형제들》도 훨씬 더 깔끔한 소설이 되었을 것이다.

또 도스토예프스키에게는《카라마조프가의 형제들》의 조시마 장로나《악령》의 스타브로긴이 자신의 생애를 이야기하는 부분처럼 소설 본래의 줄거리에서 벗어난, 소위 사이드 스토리 또한 많다(이것이 대하소설을 쓰기 위한 요령 가운데 하나이지만). 이런 부분마저 없애 버렸다면 더욱 깔끔해졌을 것이다.

하지만 유난히 상세하고 긴 세계관의 설명과 사이드 스토리야말로 도스토예프스키의 작품을 소설답게 만들고 있는 것이며, 그의 특별한 '열정'은 이것으로 끓어 넘친다.《죄와 벌》의 라스콜리니코프나 스타브로긴 같은 인물에 대해서는 작품 속의 인물이 아니라 마치 역사상의 실재 인물처럼 계속해서 평론이 나오고 있는데, 잊어서는 안 될 것은 그들 모두가 도스토예프스키라는 단 한 사람의 소설가가 창조한 인물이라는 것이다.

한 사람의 인물이 자신의 세계관을 한없이 이야기하는 소설에 좋은 작품이 없다는 것은 굳이 말로 할 것까지도 없을 것이다. 그렇다면 도스토예프스키는 예외인 것일까?

그렇지 않다. 도스토예프스키의 소설에서는 서로 다른 인물의 서로 전혀 다른 세계관이 기술된다. 한 사람만의 세계관을 쓰는 것과 두 사람, 세 사람의 세계관을 쓰는 것은 전혀 다르다. 한 사람의 마음(사고) 속에 여러 가지 세계관이 함께 살고 있는 일은 절대로 없기 때문이다.

'소설을 쓰는 것'은 '문제를 해결하는 것'

조금 다른 이야기를 해보자. 소설의 이상 가운데 하나는, 해결할 수 없을 것처럼 보이는 문제(내지 대립)를 처음에 제시하고, 그것을 해결하는 것이다.

작가에게 있어서 '소설은 쓴다'는 것은 '문제를 해결하는 것'과 같다. 단, 여기에서도 주의해야 한다. 그 문제는 소설을 다 읽고 난 뒤에 해결되는 것이 아니라, 소설을 읽고 있는 시간(과정) 중에 문제를 해결하는 행위가 내재한다. 그러므로 그 소설을 안 읽은 사람에게는 그 문제의 해결에 대해 아무리 설명해 보아도 거의 이해하지 못한다.

수학의 문장제를 생각해 보면 알 수 있을 것이다. 여기에서 문제를 해결한다는 것은 해답에 이르는 과정을 하나하나 거친다는 것이다. 단지 8 또는 25라고 해답을 아는 것만으로는 충분치 않다. 수학의 문장제에서 그냥 뽕 하고 "8입니다." 하고 대답하는 사람을 보고, 그 문제의 해결 방식을 아는 사람이라고는 아무도 생각지 않는다. 철학도 그러하다. 2장에서 이야기했듯이, 철학은 우리가 일상생활에서 혼란스럽게 사용하고 있는 개념이나 논리의 구성 방식을 하나하나 검증하고 다시 정의하면서 결론(이 경우는 고유의 세계상이라고 말해야 할 것이다)에 이르도록 되어 있다. '세계란 ××이다' '인간의 본질이란 ○○이다'라는 문장만을 제목처럼 암기해도 그것은 아무런 의미가 없다.

소설 또한 마찬가지다. 독자가 일상적으로 사용하고 있는 말이나 미의식과는 완전히 일치하지 않는 것들을 차곡차곡 쌓아가는 그 과정 속에만 해답이 있다.

그러나 이런 이상적인 소설은 찾아보기 힘들다. 예외가 있다면, 도스토예프스키의 소설 정도일까(도스토예프스키만 있으면 충분하지만).

오시마 유미코 작품의 리얼리티

'해결할 수 없을 것처럼 보이는 문제(대립)'를 처음에 제시하는 이 방법을 좀 더 간단하게 첨예화한 작품은 도스토예프스키가 아니라 오시마 유미코大島弓子의 만화가 아닐까 하는 생각이 든다.

우리는 평소에 일상적인 삶을 살다가 갑작스레 다음과 같은 생각을 매우 리얼하게(절실하게) 느끼는 순간이 있다.

(1) '그때 지금 이 방이 아니라 그 전에 보았던 방을 빌렸다면, 다른 인생이 되었을 거야' 또는,

(2) '교통사고로 죽은 사람이 일주일만 이 세상에 다시 돌아올 기회가 주어진다면, 무엇을 할까?'

이런 생각이 (1)은 분신分身 이야기의 소재가 되고, (2)는 죽었던 사람이 저 세상에서 돌아오는 이야기의 소재가 될 터이다. (혹시나 해서 말해 두지만, 이런 갑작스런 생각은 (1), (2)뿐만이 아

니라, 그 밖에 얼마든지 있을 수 있다). 두 가지 소재 모두 작품집을 만들 수 있을 뿐만 아니라, 몇 권짜리 전집도 만들 수 있을 만큼 많이 쓰이고 있다. 그러나 두 이야기도 모두 주의해서 읽어보면 금방 알 수 있겠지만, '분신'이나 '환생'은 이야기의 발단이 될 뿐, 그 이후는 점점 진부한 스토리가 되고 만다.

예를 들어 (1)에서는,

(A) 내 분신이 내 지위나 명성, 나아가서는 내 존재 자체를 빼앗아 버린다.

(B) 내 분신이 내가 모르는 곳에서 '나'라는 알리바이가 있는 것을 기화로 범죄를 저지른다.

(C) 나와 또 한 사람의 나는 10년 전부터 계속해서 따로따로 존재하고 있었다. 그런데 또 한 사람의 내가 다른 여자(남자)와 함께 있는 것을 내 연인이 목격하는 바람에 연애가 엉망이 되고 만다.

(D) 내 분신은 나와는 달리 시간과 장소에 얽매이지 않고, 여기저기를 자유롭게 오갈 수 있다. 그가 미래의 내 모습을 보고 와서 여러 가지 충고를 해주었는데, 알고 보니 실은 그것이 거짓말이었다.

등등 스토리는 얼마든지 있을 수 있다. 그러나 어느 것이든 처음에 (1)과 같이 갑작스레 느꼈던 리얼함을 살리지 못하고 있다. 스토리란 처음에 느낀 리얼함을 강화시키는 것이 아니라, 오히려 리얼함을 잊게 하는 기능을 하는 것이 아닐까. 그럼에도 불구하고 스토리가 명확한 이야기 쪽이 재미있다고 생각하는 사람은 소설에 연연해하지 말고 스토리 쪽을 택해야 한다.

문학이 '현실로부터의 도피'라는 이야기를 듣기 쉬운 까닭은, 스토리가 처음에 느꼈던 리얼함을 잊게 하는 기능을 가지고 있기 때문이다. (A)~(D)의 이야기는, 어느 것이나 잘 씌어지면 재미가 있지만, '자신에게 다른 인생이 있지 않을까' 하고 갑자기 리얼하게 느꼈던 순간이 훨씬 더 재미있다. 그런 순간의 마음은 불안정하고 어느 곳에도 정착할 수 없는 느낌이 든다. 일상생활에서는 아무것도 바랄 것이 없다는 느낌이 든다. 그 느낌이야말로 무엇보다도 재미있다. 그리고 그것을 느낄 줄 아는 사람만이 소설을 쓸 수 있다.

이 갑자기 느낀 리얼함을 작품의 발단에 놓고, 작품 전체를 통해 최초의 리얼함을 잊지 않을 만큼의 (독자가 잊지 않게 할 만큼의) 강도를 유지하고 있는 것이, 오시마 유미코가 1977년 《바나나브레드의 푸딩》부터 1988년 《덩굴장미 덩굴장미》에 걸쳐서 그린 작품들이다. 이들 작품들은 아직까지도 스토리 소설과 영화, 드라마의 상상력의 근원이 되는 힘을 지니고 있다.

실제로 이 몇 년간 영화로 만들어지거나 드라마로 만들어진 스토리 소설은, 작가가 남성이든 여성이든, 오시마 유미코 작품의 발상과 매우 많이 닮아 있다. 그런데 어느 것이나 처음의 리얼한 마음이 갖는 힘은 어디론가 사라져버리고 단지 아이디어 수준에 머물고 있다.

스토리는 소설을 지연시킨다

여기까지 써 놓고 보니, 나 스스로 지금까지 두 가지 개념을 확실하게 구별하지 않고 사용한 듯하다. 이 장의 처음에 쓴 '윤곽이 뚜렷한 스토리'라는 말이 두 가지 개념을 혼동하고 쓴 말인 것 같다.

'윤곽이 뚜렷한 것'이란 앞 절에서 강조했듯이, 스토리 이전의 리얼한 감정(리얼한 무엇인가)을 말한다. 앞에서 예로 들었던 붉은 망토 이야기도 소위 스토리라고 불릴 정도의 길이는 갖지 않는, 간단한 에피소드 같은 것이다. 이야기가 짧기 때문에 전체로서 갑자기 엄습해 오는 리얼한 감정과 동일한 효과가 있다. 그러나 이것을 현대에 와서 새롭게 만들어 내는 것은 거의 불가능하다. 오시마 유미코의 작품 또한 윤곽 그 자체는 결코 획기적인 것은 아니다.

이에 반해, '스토리'라는 것은 대개 소설을 지연시키는 기능을 지니고 있다. 대중오락 소설의 경우에는 '윤곽'을 흐리게 하기보다는 잊게 하는 기능을 하고 만다. 그러나 이것은 단순히 나쁜 예에 불과하다. 스토리 자체는 톨스토이의 소설처럼 독자를 끌어당기고 소설 속에 독자를 장시간 머물게 하기 위한 수단으로서는 결코 나쁜 것이 아니다. 소설 자체는 결말로부터 역산하지 않고, 처음부터 써 가면서 디테일에 의해서 전체의 흐름이 바뀌는 역동성을 지니고 있는 편이 보통은 더 좋다. 하지만 결말이 정해져 있거나 큰 틀이 정해져 있다고 해도 여전히 좋은 소설을 쓸 수는 있을 것이다.

'지금 도대체 무슨 말을 하는 것입니까?' 하고 생각하는 사람도 있을지 모르겠다. 그러나 소설이란 작품 하나하나가 고유의 힘과 운동으로 소설로 생성되는 것이다. 일반론이나 개념으로 이야기하는 것은 아무래도 무리가 있다.

'행복한 가정은 모두 서로 비슷하지만, 불행한 가정은 어디나 그 불행의 느낌이 다르다'라는 《안나 카레니나》의 유명한 서문을 빌려서 말하면, '소설(좋은 소설)은 어느 것이나 그 좋음의 느낌이 다르기' 때문에 어쩔 수가 없다. 그러나 변변치 않은 소설은 모두 서로 비슷하다. 그러므로 일반론으로 설명하기에는 나쁜 소설이 매우 편리하다. 그러나 일반론으로만 설명해 버리면, 소설이란 무엇인가, 그리고 좋은 소설이란 무엇인가에 대해 제대로 설명할 수 없다! 일반론만 읽는 독자는 결코 소설가가 될 수 없다.

그래서 모순이랄까 조금 거북함을 느끼기는 하지만, 이야기를 계속하기로 하자. '인물'이나 '풍경'의 장에 비해 이 장에서 내가 하는 말이 어딘지 불안정하게 들리는 첫 번째 이유는 나 자신이 스토리 소설을 쓰지 않기 때문일 것이다.

스토리가 없어도 재미있다

내가 아직 등단하기 이전의 이야기를 하자. 나 또한 처음부터 스토리에 의지하지 않는 소설을 쓰려고 생각했던 것은 아니었다. 학생 시절, 2, 30매의 습작을 쓰고 있을 무렵은 (그렇다고 몇 십 편씩 열심히 쓴 것은 아니었지만) 내 소설에도 스토리가 있었고, 윤곽이 뚜렷했으며, 명확한 주제 같은 것이 있기도 했다.

그러나 나는 앞에서도 말했듯이 '싫증을 잘 내는' 성격이다. 게다가 지독하게 '성질이 급하기' 때문에 소설의 결말이 떠오르면 밤을 새워서라도 단숨에 끝내버리지 않으면 마음이 놓이지 않았다.

단숨에 써버리는 것 이것이 잘못되었다고는 할 수 없었지만, 읽어본 인상으로는 어딘가 엉성했다. 묘사가 없다든지 하는 구체적인 결점도 있었지만, 어디가 어떻게 좋지 않다고 지적할 수 있기 이전에 엉성해서 소설이라고는 할 수 없었다. 고등학교 축제에서 연주되는 록 음악이 아무리 소리를 크게 해보았자 어딘가 엉성한 것과 마찬가지로(이렇게 말하면 어느 정도인지 독자들이 상상할 수 있을지 모르지만), 어딘가 모양이 나지 않았다.

그런 시기에 다나카 고미마사田中小実昌의 《포슬포슬》이라는 소설을 읽었다. 이것은 연작 단편집으로, 표제작인 〈포슬포슬〉 이외에는 주인공이 중국 전선에 끌려갔는데, 거기에서 장티푸스에 걸려 지독한 설사만 했다는 이야기가 씌어 있는 소설들뿐이었다. 스토리 같은 것은 없는 거나 같았다.

'이런 일이 있었다'라고 쓰지 않고, '이런 일이 있었는데, 이렇게 써버리면 이야기를 지나치게 단순화하여 거짓말이 된다', '이렇게 쓰면 소설 같아서 이해는 하기 쉽겠지만, 내가 그때 느꼈던 것은 그런 것이 아니다……', '기억 속에서는 이러했지만, 이것이 정말일까? 이런 식의 말로 기억하고 있을 뿐 실제로는 그렇게 이해하기 쉬운 일은 아니지 않았을까?……'라는 느낌이었다. 글을 쓰는 작가 자신이 지금 쓰고 있는 한 문장 한 문장의 신빙성에 끊임없이 신경을 쓴다고 할까, 마음에 걸려하기 때문에, 읽고 있는 독자 또한 당연히 그때마다 마음에 걸려서 그것이 뭐라고 말하기 어려운, 공중에 붕 떠 있는 상태, 곧 서스펜스를 준다.

나는 《포슬포슬》 연작을 《바다^{海}》라는, 지금은 전설이 되어 있는 문예지에 게재되었을 때 읽었다. 이 연작을 읽는 도중, 나는 작가가 이끄는 사고의 흐름에 완전히 빠져 있었다. 한 편이 끝나면 '응? 벌써 끝나버린 거야?' 하고 스토리가 있는 소설에서는 맛본 적이 없는, 작품에 내재^{內在}하는 시간 감각을 경험했다.

'그래서? 그래서? 그래서 그 다음에는 어떻게 되었는데?'라는 스토리 소설의 시간 감각으로는, 기대와 불안과 더불어 늘 지금 읽고 있는 부분이 아니라 그 다음 부분(미래)이 문제가 된다. 이에 반해, 《포슬포슬》은 바로 조금 전에 읽은 부분(과거)이 지금 읽고 있는 부분과 함께 문제가 된다. 다음(미래)을 생각하지 않기 때문에 '다 읽는다'라는 것을 까맣게 잊어버리는 것이다.

책의 광고 문구에는 '단숨에 읽었다' '하룻저녁에 다 읽었다'라는 말들이 흔히 등장한다. 이것은 다 읽었다는 만족감이나 성취감 같은 것이 전제되어 있다. 독서에서조차도 생산성 중시의 가치관이 파고들어와 있는 것이다. 나도 《포슬포슬》을 만나기 전까지는 '빨리 다 읽고 싶은 독자'였다. 그러나 《포슬포슬》

은 빨리 다 읽고 싶은 소설이 아니라, 쭈욱 계속해서 읽고 싶은 소설이었다. '읽고 있는 행위=읽고 있는 시간'만이 거기에 있는 듯한 소설이었다.

앞에서 말한 내 '급한 성격'이 바로 이 점과 관련이 있다. 한 문장 한 문장의 신빙성에 신경 쓰고, 그때마다 마음에 걸려하는 것은 문장 하나하나가 재미있다는 뜻이다. 이에 반해, 스토리에는 반드시 복선伏線이 있기 마련이고, 복선을 이루는 문장 하나하나가 모두 재미있을 수는 없다. '다음에는 어떻게 될까?'라는 기대감으로 읽어 나가는 것이기 때문에, 거꾸로 지루한 부분도 있을 수밖에 없다. 즉, 스토리 소설은 스토리가 있기 때문에 호흡이 늘어지고 지루한 부분이 있을 수밖에 없다. 그러나 문장 하나하나가 재미있는 소설은 반대로 호흡이 짧기 때문에 스토리가 필요 없고, 대개는 스토리가 생겨나기도 어렵다.

이 또한 거친 일반화이기는 하나, 그것은 어찌 되었든 간에, 스토리가 없는 소설의 가장 극단적인 예 가운데 하나가 베케트일 것이다.

베케트를 읽는 고통과 즐거움

베케트 소설의 재미라고 할까, 베케트를 읽으면서 느낄 수 있는 기분을 짧은 인용문으로 전달하는 것은 무리이겠지만, 예를 들어 《몰로이Molloy》라는 작품을 조금 살펴보자. 여자가 데려온

개가 죽어서, 그 개를 길가의 나무 밑에 묻는 장면인데, 이런 식으로 씌어 있다.

……개는 그대로, 카르투지오 수도사처럼, 관도 없이 아무것에도 싸이지 않은 채 매장되었다, 개줄과 목걸이는 달려 있었지만. 개를 구덩이에 넣은 것도 그녀였다. 나는 불구이기 때문에, 몸을 굽히는 일도, 무릎을 꿇는 것도 불가능하다, 그러므로 만일 분수를 잊고 몸을 굽히거나 무릎을 꿇더라도 나라고는 믿지 말아 달라, 그것은 내가 아니라 다른 남자일 것이다. 개를 구덩이에 던져 넣는 것 정도는 나라도 그럴 마음이 있으면 가능할 것이고, 즐겁게 했을 것이다. 하지만 그렇게 하지 않았다. 인간은 여러 가지 일을 즐겁게 한다. 그렇다고 열심히 하는 것이 아니라 즐겁게 하는 것이다. 그러한 일을 하지 않는 확실한 이유 따위는 전혀 없다, 단지 하지 않을 뿐이다! 인간은 자유롭지 않은가? 이것은 따져 봐야 할 일이다. 그런데 나는 그 매장에 어떠한 공헌을 한 것일까? 구덩이를 파고, 개를 그 속에 넣고, 구덩이를 메운 것은 그녀였다. 요컨대 나는 그 자리에 참석했음에 지나지 않는다. 나는 참석을 함으로써 그것에 공헌한 것이다. 마치 그것이 나 자신의 매장이기나 한 듯이. 그리고 사실 그러했다. 그것은 낙엽송이었다. 그것은 내가 확신을 갖고 말할 수 있는 유일한 나무이다. 그녀가 개를 그 나무 밑에 매장하기 위해서 내가 확신을 갖고 이름을 말할 수 있는 유일한 나무를 골랐던 것은 기묘한 일이다. 바다색 나뭇잎은 비단 같았고, 한쪽 면에는 빨간 반점이 뚜렷하게 박혀 있었다. 개의 귀에는 진드기가 꾀어

들고 있었다. 나는 그런 종류의 것에는 굉장히 눈이 밝다. 진드기는 개와 함께 매장되었다. 무덤을 다 만들고 나서 그녀는 나에게 삽을 건네주고 웅크리고 앉았다. 나는 그녀가 울기 시작한다고 생각했다, 그러한 순간이었다, 그러나 그녀는 거꾸로 미소를 짓기 시작했다. 아마 그것이 그녀 나름의 우는 방식이었을 것이다. 그렇지 않으면 내가 잘못 본 것이고, 그녀는 흥겨운 웃음소리를 내면서, 실은 울고 있었던 것인지도 모른다. 눈물이든 웃음이든 나에게는 그다지 이해가 가지 않았다.

베케트의 소설은 전편이 이런 분위기로 계속된다. 게다가 장편이다. 《몰로이》로 시작되어 《말론 죽다》, 《이름 붙일 수 없는 것》으로 이어지는 이 장편 삼부작은 20세기 반문학^{反文學}의 최고봉이라고 평가받지만, 정작 베케트 자신은 이 삼부작을 쓰는 고통을 잊고자 기분 전환으로 희곡 《고도를 기다리며》를 썼다고 했을 정도이다. 읽는 것도 여간 어렵지 않아, 이틀이나 사흘 안에 다 읽을 수도 없다.

  2, 3일간은 나도 재미있다고 생각하고 읽었다. 그런데 스토리가 너무 없어서 관심이 얼어붙은 듯, 읽고 싶은 생각이 전혀 들지 않았다. 더 이상은 읽을 수가 없게 되어서 며칠인가 손에서 놓아 버렸다. 그러다가 '아니야, 그래도 재미있었어' 하는 생각이 들어 다시 읽기 시작했다.

  베케트와 주파수가 맞고 이것을 재미있다고 느낄 수 있는 동안에는, 다나카 고미마사보다 한 수 위인, 계속해서 유동^{流動}하는 이야기가 비할 데 없이 재미있었다. 나 같은 인간은 음악을 듣고 있을 때처럼 소설을 읽는 동안 마음이 설렌다. 어떨 때는 껄껄 웃기도 한다. 그러나! 그것이 2, 3일 계속되면 또 관심이 얼어붙고 읽고 싶은 생각이 들지 않게 되고, 그 이상 계속해서 읽는 것이 갑작스레 고통으로 바뀐다…….

소설의 재미

베케트의 재미는 재미의 여러 형태 가운데 하나이다.

재미있는 책이 모두 단숨에 읽히거나 침식을 잊고 책에 빠져들게 하는 것은 아니다. 재미라는 것 자체에 여러 가지 모습이 있는 것이다.

소설을 쓴다는 것은 단순히 '재미있는 이야기를 쓰는' 것이 아니다. 소설을 쓴다는 것은 끊임없이 '재미있다(흥미가 솟고, 기분이 들뜬다…… 등등)는 것은 어떠한 것일까?'에 대해 생각하면서 쓰는 것이고, 흔히 생각하는 재미와는 다른 재미를 제시하는 것이다. 앞 절에서 설명한 베케트의 재미에 대해, '지금까지와는 다른 재미'에 대해 생각해보지 않은 사람은 '그런 것은 어쨌든 재미없는 것 아닌가?'라고밖에 생각하지 않을지도 모른다. 하지만 그런 재미도 또한 틀림없이 재미의 한 가지 양상樣相이라는 것을 이해해주기 바란다.

'재미'에 대해 생각할 때에, 소설이라는 틀을 제거해 버리면,

좀 더 여러 가지 '재미'가 있다는 것을 알게 된다. 처음부터 '소설의 재미'가 무엇인가에 대해서만 생각하면, 발상의 시작이 아무래도 지금까지 읽었던 소설에 한정되는 경향이 있다. 그러므로 우선은 소설이라는 틀을 버리고 보는 편이 낫다.

평론이나 사상서를 읽는 재미는, 저자가 전달하고자 하는 개념에 조금씩 다가가는 재미이다. '소설과 이야기의 차이는 무엇인가?' 또는 '존재가 완성되는 순간은 어떠한 순간인가?'와 같은 질문에 대한 해답이 조금씩 열려가는 것이 평론이나 사상서가 갖는 재미이다. 그 과정에서 독자는 지금까지 막연하게 사용하고 있었던 말의 의미가 확실해지거나 뒤바뀌는 데에 재미를 느끼게 된다.

사람들은 미식^{gourmet} 가이드 따위도 재미있기 때문에 읽는 것이다(적어도 고통스럽다고 느낀다면 읽지 않는다). 음식 맛에 대한 설명을 재미있다고 느끼고, 음식의 맛과 음식을 담는 그릇, 가게 안의 분위기 등에 대한 평가를 읽고, '이런 관점이 있었나?' 하고 새롭게 아는 데에서 재미를 느낀다. 그뿐만이 아니다. 예를 들어 장어덮밥에 대한 설명을 읽으면서 거기에서 이야기하고 있는 장어덮밥의 맛을 상상해 보거나, 언젠가 거기에 가보아야겠다고 생각하거나, 지금까지 먹어 본 장어덮밥의 맛을 기억해 보거나, 그런 다음 그때의 정경이나 대화를 생각해 보는 것 또한 즐겁기(재미있기) 때문에 읽는다.

길거리 연예인들이 펼치는 저글링도 재미있다. 저글링의 재미는 무엇일까? 얼굴 앞에서 빙글빙글 돌아가는 공이나 상자, 또는 칼 따위가 '떨어지면 어떡하지?' 하고 조마조마해하면서 재미를 느끼는 것은 결코 아니다(이런 해석은 스토리에 중독되어 있는 소설관과 가깝다). 그보다는 좀 더 순수하게 저글링 공연자의 묘기에 감탄하면서 재미있게 보는 것이다(그 느낌은 장인의 솜씨를 바라볼 때 느끼는 즐거움과도 비슷할 것이다).

5개 또는 6개나 되는 상자를 두 손을 사용해 여러 방법으로 다루는 재주도 있다. 사람들은 상자의 움직임 자체가 경이로워서 그 경이로움에 눈을 빼앗긴다. 분명히 하나하나 분리되어 있는 상자들이 마치 접착제로 꼭 붙여 놓은 듯이 보여서 사람들이 앗, 하고 놀라는 순간, 순식간에 해체된다. 그렇게 해서 공중에 붕 뜬 상자는 1초나 2초 동안 정지하고 있는 듯이 보이기도 한다. 그 경이로움 자체가 이 공연의 재미이다.

벚꽃 구경도 재미있고, 가을 산의 단풍 구경도 재미있다. 물론 벚꽃과 단풍은 아름답기 때문에 구경하는 것이다. 하지만 아름다움과 접하고 있는 때에 기분이 들뜨고 마음이 즐겁기 때문에, 지루한 줄 모르고 오랜 시간 동안 그것을 보고 있을 수 있다.

바다의 파도를 보는 것 또한 재미있다. '다음 파도는 이번 파도보다 더 큰 것이 올까?' 아니면 앞 파도의 물결에 밀려 부서져 '이번 것은 큰 파도가 안 될 것 같아' 이런 생각만 하면서 잠깐 동안 멍하게 파도를 바라보았던 경험이 누구에게나 분명히 있을 것이다.

재미란 이처럼 실로 다양한 것이다. 소설가에게 필요한 것은, 이들 다양한 재미를 어떻게 재미라고 느낄 수 있는지, 그 메커니즘을 설명하는 것이 아니라, 이들 재미에 눈을 뜨는 것이다. 몇 번씩이나 이야기하지만, 소설가는 그것을 설명할 필요는 없다. 그런 것은 평론가나 심리학자에게 맡기면 된다. 다만, 그들보다 주의 깊고 민감하게 관찰할 필요는 있다.

흔히 경험하는 이런 여러 가지 재미를 소설 속에 들여오는 것이, 소설의 재미란 어떤 것인가를 생각하는 것이고, 소설의 재미에 대해 의식적이 되는 것이다. 이것이 바로 소설을 상대화하는 것이며, 소설을 쓰는 사람이 '소설의 외부에 선다'고 하는 뜻이다.

어쨌든 다나카 고미마사의 《포슬포슬》과 베케트 덕분에, 소설의 재미에 대한 내 생각은 완전히 바뀌어 버렸다. 어떻게 하면 소설을 재미있게 쓸 수 있을까 하는 고민은, 어떻게 하면 소설의 맨 첫 문장부터 맨 마지막 문장까지 독자의 마음을 끌고 갈 수 있을까 하는 고민이 된 것이다.

작품이란 과정이다

그런데 최근 《플레인송》을 읽고, "자신이 작품을 만들고 있을 때의 마음 상태가 재현되고 있다고 느꼈다."고 하는 감상을 몇 사람인가의 디자이너와 아티스트(그림이나 조각 등)로부터 잇달아 들었다. 이러한 감상 또한 전철의 창을 통해 바깥 경치를 구경하는 기분과 통하는 것이 아닐까 하는 생각이 들었다.

차창 밖의 경치를 즐겁게 구경하는 동안에는, '목적지를 향해 가고 있다'는 사실을 잠시 잊게 된다. 그림을 그리거나, 무엇인가를 만드는 사람들은 원래 수작업을 좋아하는 사람들이다. 그들에게 있어 뭔가를 제작한다는 행위는, 완성품의 모습을 머릿속에 미리 그려 놓고, 오로지 그 완성품을 목표로 작업만 계속해 나가면 되는 것이 아니다. 제작하고 있는 작품에 늘 주의를 기울이고 실제로 만들어지는 정도나 그것이 주는 느낌에 따라서, 완성은 그때그때 모양을 달리해 간다.

이럴 때 필요한 것은 공업 제품을 조립하는 틀에 박힌 작업과는 전혀 다른 종류의 주의력이다(그러나 공업 제품의 제조에서도 최근에는 장인제도가 도입되는 등 문자 그대로의 틀에 박힌 작업으로는 진보가 없다는 것이 인지되고 있지만). 제작 과정 자체에서 즐거움이나 기쁨을 발견할 수 없으면, 작품을 완성시킬 수가 없다. 그러므로 '작품의 완성'이란 제작 과정 그 자체이다.

이런 이야기를 듣고 아직도, '호사카 가즈시는 또 구체적인 기술론에서 멀어져 추상적인 이야기를 하고 있다'고 생각하는 사람이 있을까, 아니면 이제 슬슬 이 '추상적'으로 보이는 일의 중요성을 자연스럽게 받아들이게 되었을까?

몇 번이나 이야기했듯이, 소설에 있어서 기술 같은 것은 본질적인 문제가 아니다. 재즈와 록 음악이 기존의 재즈와 록 음악의 개념을 부정하거나 거기에서부터 일탈하면서 발전하는 것처럼, 소설 또한 이미 확립되어 있는 기술론과 방법론, 스타일을 답습하면 이미 그것은 소설이 아니다.

스토리만 있으면 소설이 되는 것이 아니라는 것은 이제 새삼 말할 필요도 없다. 그리고 인물이 나오기 때문에 소설이 되는 것도 아니고, 풍경이 묘사되어 있기 때문에 소설이 되는 것도 아니다. 소설이란 간단히 설명하기 어려운 소설성小說性에 의해서 비로소 태어난다. 간단히 설명할 수 있는 기술론이나 방법론으로는 절대로 소설에 이를 수 없다. 지독하게 멀리 돌아가는 듯이 보이지만, '추상적'인 것에 대해 생각을 계속하는 것만이 소설에 이르는 길이다.

작가가 소설의 전부를 통제할 수는 없다

계속해서 나 자신의 글쓰기 방식을 조금 더 구체적으로 설명해보자. 나는 먼저 등장인물을 다섯 사람 정도 설정한다. 그리고 그들(그녀들)이 어떤 일을 하고 있고, 취미나 성격은 이런 느낌이고, 하는 식으로 그 인물에 대해 두 가지나 세 가지 정도를 정한다. 동시에 소설 속에서의 그들의 배치를 생각한다. 이것은 등장인물에게 역할을 준다는 의미는 물론 아니다. 다섯 사람의 인간관계를, 예를 들어 A와 B는 같은 집에 살고, C는 A가 놀러 가는 집에 살고, C의 집에는 D도 곧잘 찾아오고, A와 D는 C를 매개로 서로 알게 되었다…… 라는 식의 공간과 그들의 이동을 전제로 한, 문자 그대로의 '배치'이다.

다음에 소설의 무대가 되는 주된 장소를 결정한다. 주요 등장인물이 살고 있는 장소나 일터(회사)뿐만 아니라, 그들이 곧잘 산책하러 가는 장소라든가 경마가 취미인 인물이 등장한다면 경마장도 나오게 한다, 라는 식이다. 그리고 마지막으로 계절을 결정한다(실제로는 이 순서가 아니라, 거의 동시에 결정되어 간다).

그런 다음, 정말로 이 다섯 사람으로 진행이 될 수 있는지 또는 그렇지 않은지, 각자의 대화를 상상해 보거나 하면서 잠시 묵혀둔다(이때 상상해본 대화는 기록해두지 않으므로 실제로 사용되는 일은 거의 없다). 이러는 동안, 소설의 분위기도 차츰 무르익는다. 그럼 원고를 쓰기 시작하게 되는데, 처음의 한 문장 내지 200~400자가, 곧바로 내가 상상하고 있던 분위기의 도입이 되는 일은 결코 없다. 그래서 몇 번이고 고쳐 쓰거나 또 며칠인가 내버려 두게 된다. 그리고 겨우 어울린다고 생각되는 첫머리를 쓸 수 있게 되었을 때가 진정한 시작이다. 이런 날은 어렵지 않게 10매 정도는 쓸 수 있다. 그리고 그 다음에는 대개 하루에 3매, 술술 나가는 날에는 5매 정도의 페이스로 써 나간다.

나의 경우는 이렇게, 소설의 객관적(물리적?)인 틀을 짜 놓을 뿐이다. 그 다음은 각각의 등장인물들이 그때그때 뭔가를 해주기를 바라는 수밖에 없다. 이런 글쓰기 방식이 되어 버렸는데, 이런 방식은 솔직히 말해서 대단히 낭비가 많은 방식이다.

수없이 고쳐 쓰는 이유

내 소설은 즉흥극이나 즉흥 연주와 같이 실제로 써보지 않고서는 재미있는지 그렇지 않은지 대개는 알 수가 없다. 물론 사전에 장면 하나하나의 대략적인 전개는 생각해놓지만, 글로 쓴 다음 읽어 보기 전까지는, 글 속에 흐르는 시간의 완급을 알 수가 없다.

이것이 에세이나 평론과 소설의 결정적인 차이이다. 소설에서는 늘 거기에 흐르고 있는 시간(일종의 '음악성')이 문제가 된다. 독자는 거기에 씌어 있는 내용이 아니라 일단은 그 음악성에 의해 소설(문자의 연결)을 읽어간다.

내가 쓴 에세이,《세계를 긍정하는 철학》은 어렵다는 말을 많이 듣는다. 에세이는 사전에 생각한 것을 그대로 글로 옮기면 책꼴이 갖추어지기 때문에 쓰는 작업 자체는 그다지 어렵지 않다.

그에 반해 소설은 내용뿐만 아니라, 인물·장소·시간(계절이나 하루 중 시각)이 발산하는 여러 가지 효과에 대해 끊임없이 생각해야 하는데 그것이 적절한지는 문자로 써 놓은 것을 읽어보지 않으면 판단이 서지 않는 것이다.

그러므로 그만큼 몇 번이나 고쳐 쓰기를 해야 한다. 게다가 소설의 흐름이 막다른 곳에 부닥치면 아무래도 그 다음을 전개시킬 수 없게 되는 일도 드물지 않다. 그럴 때에는 10매 앞, 20매 앞, 30매 앞으로 거슬러 올라가 흐름이 이상하게 된 지점을 찾아내어 거기서부터 완전히 다른 상황으로 고쳐 쓰게 된다.

50매를 버렸던 적도 있었고, 100매를 버렸던 일도 있었다. 《컨 버세이션 피스》에서는 170매까지 써놓고, '아무래도 안 되겠다'고 생각해서 처음부터 고쳐 쓰기도 했다…….

'그렇게는 도저히 못해먹겠다'고 생각할 사람도 있겠지만 잠깐 기다려 달라.

아직 소설가로 데뷔하지 않은 독자 여러분은, 여러분의 글쓰기 방식으로 쓴 자기 소설이 상업지에 게재된 적이 있는가? '아주 공들여 쓴 소설이니까'라고 생각하며 자신이 쓴 소설을 매우 소중하게 여기고 있을 터인데, 그 소설이 상업 출판으로 이어진 적이 있는가?

자신이 쓴 소설을 '아주 공들여 쓴 것이니까' 하는 기분만으로 지나치게 소중히 여겨서는 안 된다. 소설가가 되기 위해 소설을 쓰는 것이라면, 100매나 200매의 원고 정도는 얼마든지 쓸 수 있다고 생각해야 한다. 가령 하루에 3매씩 쓴다고 하고, 1년 365일이면 대충 1,000매. 10년을 계속하면 1만 매가 된다. 쓴다고 하는 것은 그런 것이다.

그러나 여기서 조금이나마 독자를 안심시킬 수 있는 사실을 이야기하겠다. 내 데뷔작인 《플레인송》의 전반부, 160매 정도까지는 나는 거의 고쳐 쓰지 않았다. 한 장면도 버리지 않고 약 3개월 만에 쓸 수가 있었다. 당시는 회사에서 근무하고 있었고, 일 년 내내 쓴다고 하는 체제도 만들어놓고 있었으므로, 그때부터 9개월 정도 사이가 벌어지긴 했지만, 다음 해 같은 시기에 후반부 160매를 썼는데, 그것도 별로 고쳐 쓰지 않았다.

《플레인송》은 어느 날 저녁 갑자기 결심하고서 쓰기 시작했던 것이다. 그때 나는 속된 말로 하면 뭔가 감을 잡았다고 생각한다. 데뷔작이라는 것은 분명 그런 것이다. '데뷔작이 될 수 있는 소설'은 몇 번씩 고쳐 쓰지 않더라도 완성할 수 있는 것인지도 모른다.

독자들이 그 뭔가 감을 잡는 계기가 이 책이 되었으면 좋겠다. 나도 '그렇게 되었으면' 하는 마음으로 이 책을 쓰고 있다. 어쨌건 뭔가 감을 잡지 않고 계속 글을 쓰고 있다면, 2장에서도 이야기했듯이, 글쓰기를 잠시 멈추고 지금까지 읽어왔던 소설과는 전혀 다른 유형의 소설을 읽거나, 소설 이외의 책을 읽거나, 책을 손에서 놓고 책이 아닌 여러 가지 다른 재미를 즐길 수 있도록 노력하는 편이 더 낫다고 나는 생각한다.

소설의 다양성을 받아들인다

다시 한 번 스토리 문제로 돌아가자. 많은 사람들이 소설이라고 하면 곧바로 스토리를 연상하는, 없애기 힘든 고정 관념을 갖는 이유는 소설의 다양성을 솔직하게 받아들일 수 없기 때문이라고 생각한다.

나는 데뷔한 지 이제 10년이 넘었다. 그래서 내 소설 또한 꽤 '호사카 가즈시의 소설'로서 고유한 독법讀法을 갖게 되었지만, 그런데도 아직 '스토리성이 빈약하다'는 평가를 듣는다. 이렇게 평가하는 사람은 소설에 대해 제한된 이미지만을 지니고 있는 사람이다. 이런 사람은 늘 자신이 지닌 제한된 소설의 이미지와 비교하면서 새로운 소설을 읽고 있다는 뜻이다. 그 까닭이 무엇일까?

음악이나 그림을 생각해보기 바란다.

예를 들어 그림에는 다 빈치, 고야, 브뢰겔, 모네, 피카소, 몬드리안, 루소, 실레, 칼로, 워홀 등, 얼핏 살펴보아도 화가마다 뚜렷한 차이가 있다. 그리고 그 차이는 무조건적인 전제가 되어 있다. 평론가나 미술사가의 견해는 알 수 없지만 우리 일반인들은 '좋다, 나쁘다'가 아니라 우선 그 그림의 느낌이 좋은가, 싫은가, 받아들이기 쉬운가, 어려운가로 그 그림에 다가간다.

음악도 마찬가지다. 베토벤과 드뷔시는 '좋다, 나쁘다'가 아니라 좋아하는가, 싫어하는가이다. 재즈도 있고, 록도 있고, 민속음악도 있다. 이들은 각각 고유한 음을 지니고 있다. 모두 음악이라고 불리지만, 각각의 음악이 서로 전혀 다르다는 것은 첫 음만 들어보면 누구나 알 수 있다.

그러나 소설에 대해서만은 사람들은 한결같이 그 다양성이나 고유성을 이해하려 하지 않는다. 왜일까?

그림이 캔버스에 그려진 '물질'이고, 음악이 악기에 의해서 연주된 소리라는 '물질'임에 비해, 소설은 '추상'이기 때문이다.

물질은 우선 감각에 의해서 수용되지만, 소설(문자)은 감각을 거치지 않고 추상으로서 직접적으로 수용된다. 내가 강조하는 '풍경'이나, 앞절에서 썼던 흐름의 완급 또한 모두 일단 추상으로서 입력된 다음, 재출력(재이미지화)된 것이다.

즉, 소설은 물질성이 아니라, 직접적인 추상이기 때문에 소설을 이해하는 데는 뇌에 상당히 큰 부담이 된다. 그 부담 때문에 소설가 또한 화가나 음악가와 마찬가지로 다양한 배경을 지니고 있고, 다양한 신체를 가지고 있으며, 이 다양한 배경과 신체에 의해서 소설을 쓰고 있다는 것을 이해하지 못한다. 또는 거기까지 주의가 미치지 못하는 것이라는 생각이 든다.

일본의 문학사를 보아도 사소설私小說이 유행했다가 그 다음에 프롤레타리아 문학이 유행하고, 전후戰後가 되면 실존주의로 바뀌고…… 이렇게 지성이 하는 일이라고는 생각할 수 없을 만큼 이상하리만큼 커다란 진폭이 있는데, 이것 또한 지성이기 때문에 늘 커다란 부담을 안으면서 '추상'을 상대하고 있기 때문이 아닐까 하고 생각하면 납득할 수 있다.

소설의 다양성을 극히 당연한 것이라고 느끼는 사람은 주변 사람들뿐만 아니라 문예평론가들 가운데에도 거의 없다(아니, 오히려 평론가야말로 없을지도 모른다). 중요한 것은 다양성이다. 스토리는 첫 문장에서부터 마지막 문장까지 독자를 이끌어가는 추진력 가운데 하나에 불과하다. 소설의 추진력은 스토리 외에도 여러 가지 있다는 것을 늘 염두에 두기 바란다.

7

테크닉에 대해서

소설을 처음 쓰고자 하는 이에게 주는 몇 가지 조언

누구나 어느 날 갑자기 소설가가 될 수 있다

 이 책을 여기까지 읽은 사람이라면, 소설이 테크닉에 의해 태어나는 것이 아니라는 사실을 이해하게 되었으리라. 그러므로 이 장에서 생각하는 '소설을 쓰는 테크닉'이란, 종래의 '소설을 쓰기 위한 매뉴얼'에 나와 있는 기술론(예를 들어 캐릭터의 설정 방법이나 '문장은 짧은 것이 좋다'라는 문체론이나 장면 전환의 방식이나 회상을 잘 사용하는 방법 등)이 아니라 소설을 쓰기 위한 각서 정도로 생각하기 바란다.
 예를 들면 이런 것이다. 축구 해설가나 초대 손님으로 많이 나오는 연예인 축구팬 가운데에는 기술론만 이야기하고 싶어하는 사람이 많다. 지단이나 호나우두 같은 초일류 선수의 플레이에 대해서 '볼 트래핑이 좋다'든지, '페인트가 절묘하다'든지, '찬 공이 전혀 회전하지 않는다'든지……. 그들은 분명히 발군의 테크닉을 소유하고 있지만 그것만으로 일류 선수가 될 수 있는 것은 아니다.
 브라질이나 유럽에 축구가 정착되어 있는 것은 국민들 사이에 축구를 보거나 축구를 하는 일의 즐거움 —즉, '축구의 혼' 같은 것이 전제되어 있기 때문이다. 예전 국가대표 감독 지코 또한 곧잘 '축구의 즐거움'이라는 표현을 쓰는데, 그러한 축구의 혼이 국민을 비롯한 선수 한 사람 한 사람의 마음속에 있기 때문에 뛰어난 선수가 태어나는 것이다. 이런 점을 생각지 않고 축구의 테크닉만 이야기해서는 아무 소용이 없다.

미술 전시회에 가보면, 맨 앞줄에 서서 그림을 자세히 관찰하는 사람이 있는데, 그들은 대개 미대생들이다. 이들은 그림의 테크닉만 보고 있어서 그림의 그림다운 부분을 제대로 보고 있지 않다.

테크닉이란 말로 하기 쉬운 것이다. 테크닉만 알면 모두 알 것 같은 기분이 된다. 그것이 기술론(형태가 있는 것)의 폐해이다. '생각하는 것'은 여기에서 멈추어버린다. 그러므로 자신이 말로 하기 쉬운 것을 생각하고 있다고 느끼면 테크닉이 생겨난 원래의 시점, 곧 말로 하기 어려운 것으로 늘 되돌아가려고 노력해야 한다.

소설을 쓰는 것은 물론 쉬운 일이 아니다. 그러나 '소설을 쓰는 즐거움'은 그 속에 있다. 소설을 읽는 것 또한 단순한 오락은 아니다. 그러나 거기에 담긴 재미를 알 수 있다면, 진정한 의미에서의 '소설을 읽는 즐거움'도 좀 더 많은 사람에게 공유될 수 있다. 그렇게 되면 소설을 쓰는 사람도 많이 나올 것이고, 재미 있는 소설도 많이 나올 것이라고 나는 생각한다.

이것은 내 지론인데, 다른 일을 하고 있던 사람이라도, 어느 날 갑자기 소설가와 배우가 될 수 있다. 축구선수든 음악가이든, 다른 직업에서는 모두 '기술'이 있어야 한다. 그러나 소설가와 배우는 기술이 없어도 될 수 있다. 동물이나 아역배우가 주인공이 될 수 있듯이, 존재감存在感만 있으면 배우가 될 수 있다. 마찬가지로 그때까지의 소설에 없던 것을 소설 안으로 들여갈 수 있으며, 그리고 그것을 독자에게 전달할 수 있다면, 굳이 기술 같은 것이 없더라도 소설가가 될 수 있다(나도 그랬다).

그런 의미에서 앞으로 이야기하는 것은 테크닉을 테크닉답게 만들기 위한 각서라고 바꾸어 말해도 좋다.

다만 새삼스럽게 말할 필요가 없을 만큼 지겹게 반복하지만, 이런 것들이 보통의 매뉴얼에 씌어 있는 사소한 테크닉보다 훨씬 더 실천적인 것이다.

쓰기 전의 이미지나 아이디어는 '헌 신짝 버리듯' 버린다

뛰어난 소설에는 인상적인 대화나 풍경 묘사가 있다. 그러나 이것들은 소설을 쓰기 전부터 소설가의 머릿속에 있었던 것이 아니다. 하물며 '소설의 이 부분에서 써먹어야지'라고 의도했던 것도 아니다. 왜냐하면 소설을 쓰기 시작하기 전의 이미지나 아이디어라는 것은 막상 쓰기 시작해보면 사용할 수 없는 것이 거의 대부분이기 때문이다.

예를 들면 앞으로 소설을 쓰려고 하는 사람에게 '20세는 인생에서 가장 아름다운 시기이다, 따위의 말은 아무도 못하게 하겠다' 같은 멋진 대사가 문득 떠올랐다고 하자. 그리고 이 대사를 소설의 주인공에게 말하도록 하고 싶다고 생각했다고 하자. 그럼 이런 대사를 해도 어색하지 않은 장면을 어떻게든 생각해

내어 소설을 이끌어갔다고 하자. 하지만 막상 주인공에게 이 대사를 시켜보면, 이 대사는 십중팔구 공중에 떠버린다. 이와 같은 일은, '눈앞을 새 떼가 날아오르는 장면'과 같이 어디에선가 본 인상적인 정경을 소설 속에서 묘사하려고 하는 경우에도 일어난다.

  소설을 쓰기 전에 소설가의 머릿속에는 분명히 다양한 이미지가 오가고 수많은 아이디어가 축적되어 있다. 그 가운데에는 그대로 소설의 문장이 될 듯한 구체적인 대화나 정경도 있겠지만 그것들은 일단 '헌신짝 버리듯' 버리는 편이 낫다. 아니, 버리지 않을 수 없다.

  고다르가 로셀리니의 영화에 대해 이런 말을 한 적이 있다.

  장면이란 쇼트의 모임이고, 이것에 의해서 만들어지는 '흐름'이다. 중요한 것은 그 흐름이지, 쇼트 하나하나가 얼마나 잘 되었느냐가 아니다.

  소설에 대해서도 같은 말을 할 수 있다. 영화나 소설처럼, 어느 정도의 길이가 있는 작품은 작가의 의도와는 상관없이 작품 자체가 '운동'을 한다. 그리고 거기에는 사전 준비와 같은 것을 거부하는 힘이 있다.

  내 대학 선배 가운데 작사가 한 사람이 있다. 그는 대학을 졸업한 후 카피라이터를 거쳐 작사가가 된 사람이다. 그런 그와 내가 데뷔하기 전의 어느 날, 타르코프스키의 영화에 관해 이야기를 한 적이 있다. 그는 "집오리가 획획 하고 하늘에서 떨어져 내리는 장면이 좋았다." 하는 식으로 짧은 쇼트에 대해서만 칭찬을 했다. 그런데 나는 아무 기억도 나지 않았다. 이때 나는 나 자신이 산문적인 인간이라는 것을 실감했다. 카피나 작사처럼 짧은 문장으로 승부하는 사람은 영화를 보아도 짧은 쇼트가 인상에 남는 듯했다. 그러나 나는 짧은 쇼트에는 관심이 없었고, 아무래도 전체의 흐름을 보는 데 더 익숙했다. 이런 점은 노력해서 바꿀 수 있는 것이라기보다는, 인식(입력)과 기억(보존)에 관련이 있는, 일종의 육체적인 특성일 것이라고 생각한다.

소설에는 흐름이 있다. 베토벤의 교향곡 속에 갑자기 슈베르트 풍의 가곡이 들어갈 수 없듯이, 스스로 운동하는 작품 속에는 그 흐름으로 보아 들어가서는 안 되는 것이 있다. 소설의 다음 문장에 써야 하는 것은 사전에 준비된 것이 아니라, 소설의 '운동'에 의해서 결정된다. 쓰는 사람과 씌어지고 있는 작품 사이의 역학 관계에 일종의 역전이 일어난다는 사실을 소설을 쓸 때에 절대로 잊어서는 안 된다.

완성한 작품은 고치지 않는다

그런 의미에서 쓰기 전에 지니고 있었던 이미지나 아이디어는 '헌신짝 버리듯이' 버려야 한다. 이것은 완성된 작품에 대해서도 타당한 말이다.

데뷔하기 전에는 일단 완성된 작품이라 하더라도 몇 번씩이나 고쳐 쓰고 싶은 마음이 든다. 그러나 '일단 완성했다'는 것은 완성하는 과정에서 이미 몇 번씩 고쳐 쓰기를 했다는 것이므로 이제 그 이상 고쳐 쓸 필요는 없다.

작품이 완성된 다음에도 계속해서 고쳐 쓰기를 하는 것은 그 작품을 고치고 싶어서가 아니라, 실은 다음 작품이 떠오르지 않기 때문에 손쉬운 작업으로 시간을 때우면서 '다음 작품'이 떠오르지 않는다는 사실을 감추고 있는 것이다. 그러나 그런 것으로 시간을 낭비하기보다는, 깨끗이 '쓰지 않는 시간'을 정해서 책을 읽거나 콘서트에 가거나 하이킹을 가거나 하는 편이 훨씬 도움이 된다.

그리고 한번 투고했다가 낙선한 작품을 다른 작품으로 고쳐 쓰거나 같은 모티브로 모양만 바꾸어(일인칭을 삼인칭으로 바꾸거나 이야기하는 사람의 시점을 바꾸어) 다음 작품으로 고쳐 쓰는 사람도 많다. 하지만 이런 일도 그만두어야 한다. 한번 안 된 것은 '언젠가 전집을 낼 기회가 있을 때 초기 작품으로 수록하면 된다' 정도의 기분으로 깨끗이 떠나는 편이 낫다.

내가 이런 말을 하면, 자신의 작품에 연연해하는 사람은 대개 "나 자신에게는 정말 중요한 작품(모티브)인데……"하고 저항을 한다. 그러나 '나 자신에게는'이라고 할 때의 '나 자신'이 소설을 쓰는 데는 가장 큰 장애물이라고 생각하기 바란다.

이때의 '자신'이란, 하나의 작품을 쓴 다음에도 쓰기 전과 여전히 달라지지 않은 '자신'에 지나지 않는다. 즉, 일상적으로 존재하고 있는 '자신'을 말한다. 소설가는 물론 자신의 경험과 지식을 동원해서 소설을 쓴다(이것 말고는 다른 방법이 없다). 그러나 여기에서의 '자신'은 '자신에게는 중요하다'고 할 때의 '자신'과는 조금 다르다.

  그 차이를 여기에서 잘 설명하는 것은 나로서는 불가능하지만, 한번 완성한 작품에는 연연해하지 말자. 같은 모티브에도 연연해하지 말자. 계속해서 그 다음 작품, 또 그 다음 작품으로 가보는 과정에서 반드시 알게 될 것이다. 소설(소설가)에게 '자신'이나 자신의 작품, 자신의 아이디어, 자신의 이미지는 의외로 '걸림돌'일 경우가 많다.

머리를 '소설 모드'로 바꾸지 않는다

  글을 쓸 때 사람들은 대개 본래의 자기가 아닌, 다른 유형의 사람이 되어버린다.

  최근 오랜 친구 하나가 어떤 잡지에 쓴 에세이를 읽고 절실히 그런 생각을 했다. 그 친구가 나에게 편지를 보낼 때에는, 옛날 그 방식 그대로 어수선한 말투로 편지를 쓴다. 그것이 매우 그답고 느낌이 좋다. 그런데 잡지에 게재되어 있던 그의 에세이는 나이 지긋하고 분별 있는 어른의 글이 되어 있었다.

  에세이의 경우, 이렇게 다소 꾸며 쓰는 것은 어쩔 수 없을 것이다(게다가 그 친구는 글을 쓰는 일이 본업이 아니다). 하지만 소설을 이렇게 꾸며 써버리면 매우 지독한 것이 된다.

  소설의 경우, 어떤 유형으로 꾸며서 쓴다는 것은 머리를 '소설 모드'로 바꾸는 것이다. 예를 들어 언어의 구사 하나하나를 보더라도, 투고 소설에서는 자신이 평소에 사용하고 있는 말이 아니라, 소설용 언어를 사용하고 있는 경우가 매우 많다. 극단적인 예로는 '병을 얻었다' '슬픔을 자아낸다'와 같이 보통 때 같으면 아무도 쓰지 않을 '소설 언어'를 사용하거나, 지금의 풍속을 가볍게 스케치한 소설에도 '그녀의 눈동자가 촉촉이 젖어 있었다' '나는 언제까지나 하염없이 거기에 서 있었다'와 같이 진부한 소설 언어를 많이 사용한다.

  나는 이런 글(소설)을 읽으면, 옛날 어른들이 고어체古語體로 편지를 쓰는 모습이 떠오른다. 옛날 어른들이 책상 앞에 앉으면 머리가 바로 고어체로 바뀌어버리듯이, 현대의 소설가 지망생도 원고용지나 컴퓨터 앞에 앉으면 머리가 바로 소설 모드로 바뀌어버리는 것이다.

  그 결과 어딘가에서 많이 읽어본 듯한, 극히 진부한 소설이 나오게 되는데, 정작 소설을 쓰고 있는 사람 본인은 그렇게 쓰지 않으면 소설이 아니라고 생각한다. 즉, 소설의 겉모양에 충실한 것만으로 소설을 쓰고 있다고 믿고 있다. 100년 전의 언문일치 소설을 둘러싼 싸움이나 그 뒤 죽 계속되고 있는 문어와 구어의 싸움에서 소설가는 끊임없이 이 문제에 직면해왔다. 그리고 이러한 싸움이 소설을 소설답게 하는 원동력의 하나가 되어 온 것이다. '소설 언어'를 사용해서 쓴 소설은 소설이 아니라 이미 있는 그 어떤 것이 되어버린다.

  소설은 자신이 평소에 사용하고 있는 말로 써야 한다고 나는 생각한다. 그렇게 하지 않으면, 소설을 쓰면서 '소설이란 무엇인가?'를 곰곰이 생각하거나 그 결과를 자신에게 피드백하는 것이 불가능하다.

  예를 들면 소설의 지문地文에서 사용하기 어려운 일상 언어의 하나로 '엄청'이라는 말이 있다. '엄청 크다'라고 쓰면 될 곳에서, '터무니없이 크다', '매우 크다'라고 쓰는 것은 소설의 겉모양에 얽매여 있기 때문이다. '엄청'을 지문에서 사용했다고 해서 소설의 분위기가 살지 않는다면, 그것은 그 소설의 그릇이 그 정도밖에 안 되기 때문이다. 조금 더 엄격하게 말해 무엇인가 새로운 것을 들여온 소설이라면 '엄청'이라는 말을 사용하더라도 위화감이 생기기는커녕, 오히려 '엄청'이라는 말에 다른 양상樣相이 부여될 것이다.

  소설은 흔히 사용하고 있는 말 속에서 다른 의미나 다른 리듬을 발견해냄으로써 태어난다. 그리고 그렇게 소설 속에서 사용된 말은 다시 한 번 일상 언어에 힘을 줄 수 있다. 소설뿐만 아니라 모든 예술 표현은 통상의 언어나 통상의 인식을 출발점으로 하면서도 거기에서 다른 양상을 발견해내는 행위이다.

  반대로 어떻게든 알맹이가 있는 것처럼 보이도록 만들기 위해서 소설 언어를 많이 사용하면 일상 언어 또한 피폐해져 간다.

'지방색'을 활용한다

 머리를 '소설 모드'로 바꾸지 않기 위해서는 소설 속에 '지방(지역성)'을 들여오는 것도 효과적인 방법이라고 생각한다.
 대개의 소설 지문은 어떤 이유에서인지 표준어로 씌어 있다. 즉, 작가가 표준어로 사물을 생각하고 있다는 것인데, 이것이 또 하나의 소설 모드다. 표준어로 사물을 생각하고 있어서는 표준적인 사고밖에 할 수 없으며, 평범한 소설이 될 수밖에 없다. 그러나 안타깝게도 무의식중에 또는 자동적으로 '지방'에는 눈을 감고 표준어로 생각해버린다.
 지방에는 각각의 지형地形이나 계절, 방언의 리듬감·인간관계·식사관·노동관 등이 지금까지도 남아 있다. 이것을 소설에 들여올 수 있다면 성격이 전혀 다른 소설이 될 수밖에 없다. 내 소설도 얼핏 보면 표준어로 쓴 표준어의 세계 같지만, 시골 출신의 한 독자로부터 '바닷가에서 자란 인간 특유의 (게으른) 정서'가 느껴진다는 말을 들은 적이 있다.
 창작 학교에 제출되는 소설에는, 남자는 구조조정되고, 여자는 불륜을 저지른다는 작품뿐이라는 이야기가 있다. 나는 구조조정이나 불륜이 큰 문제가 되는 것도 그것이 표준어의 세계이기 때문이라고 생각한다. 지방에는 좀 더 고집스럽고 대담한 사고가 있을 것이라고 생각하는 것이다. 요즘에는 10대들이, 마치 '또 하나의 지방'처럼, 표준어와는 다른 사고방식을 지니기 시작했다. 그래서 10대를 소재로 한 소설 또한 점점 더 많아지고 있다.

'자신이 소중하게 생각하는 것'을 결코 버리지 않는다

또 하나, 머리를 소설 모드로 바꾸지 않으려면, 자신이 소중하게 생각하고 있는 것을 버리지 않아야 한다.

'계속 소설가로 산다'는 것에 대해 나는 언제나 위구심危懼心(염려하고 두려워하는 마음) 같은 것을 갖고 있다. 되돌아보면 데뷔하기 전에도, '소설가로 데뷔한다'는 것에 대해서 같은 기분을 지니고 있었다. 그것은 '소설을 쓴다'고 하는 행위 자체에 내재해 있는 것일지도 모르지만…….

이 기분을 어떻게 말해야 제대로 전달할 수 있을지 모르겠지만, '소설가이다'라는 것은 세상 사람들의 시각에서 보면 '다른 세계의 사람'이다. 문학평론가나 닮고 닮은 문학청년은 "소설가는 조금도 다른 세계의 사람이 아니다. 전혀 특별한 존재가 아니다"라고 말할지도 모르지만, 정작 그 사람들도 소설가인 나와 얼굴을 마주치면 꼭 어딘가 꾸미는 태도를 취한다.

"하시는 일이?"라는 질문을 받고 "소설가입니다"라고 대답하면(보통은 "소설을 쓰고 있습니다."라고 대답하지만), 상대방은 반드시 흥미를 보인다. 아무리 이름이 알려져 있지 않더라도, 그 사람이 소설 같은 것은 일 년에 한 권도 채 읽지 않는다 해도, 이쪽이 소설가라는 것을 알게 되면 표정이 달라진다. 그때의 느낌은 연예인과 만났을 때와 비슷할 것이다.

상대방의 반응이 이렇게 나오면 이쪽도 그때마다 늘 긴장하게 된다. "회사원입니다."라든가 "학생입니다." 하고 대답했을 때처럼 상대방이 보통의 반응밖에 보이지 않는다면, 나도 분명히 조금은 맥이 빠질 것이다. 그리고 상대방이 내 일에 대해 조금 알고 있거나 하면, 귀찮은 설명을 해야 할 수고를 덜기 때문에 기쁘기까지 하다.

회사원 가운데 이런 기분을 맛보거나 이런 기분을 맛볼 준비를 하는 사람은 없을 것이다. 소설가라는 것은 아무래도 자의식을 강요당하는 일이다. '자의식이 강한 인간이 소설가가 된다'는 식의 간단한 일이 아니다. '소설가라는 것', '소설가가 되고 싶다고 생각하는 것' 그리고 '소설을 쓴다는 것' 자체에 건전하지 못한 자의식을 강요하는 무엇인가가 있다.

내 느낌으로 말하자면, 등에 기구氣球가 달려 있어서 나도 모르는 사이에 발이 지면에서 떨어져 있는 듯한 느낌이다. 앞에서 말한 위구심危懼心이란, 이 상태를 깨닫지 못하는 것, 내지 이 상태에 길들어져 버리는 것이다. '머리를 소설 모드로 바꾸지 않는다' 또는 '소설 언어를 사용하지 않는다'에 내가 그렇게 연연해하는 것은 이 위구심 탓도 있다.

'소설가이기 때문에'라고 깨끗이 받아들이고 나면 무엇이든 글로 쓸 수 있다. 엄격하게 나를 길렀던 부모나 자신을 따돌렸던 초등학교 동급생에 대한 원통함, 신체적 결함을 지니고 있는 친구의 첫인상에서 받은 추함과 그 친구와의 교류를 통해 일어난 자신의 기분의 변화, 자기 자신의 여성 편력이나 지나친 아내의 성욕 등등……. 이런 부정적인 것에 대해서도 '소설이기 때문에 쓸 수 있다'고 생각하는 사람이 있지만, 왜 소설이기 때문에 써도 되는 것일까? 다른 형식으로는 그것을 쓸 수 없기 때문이라면, 소설을 쓰는 사람은 '소설'이라는 형식을 지나치게 자기 편리한 대로 이용하고 있는 것이 아닐까?

글쓰기의 출발점에서는 소설 또한 다른 글과 전혀 다를 바가 없다. 이에 대해서는 소설의 첫머리 부분에서 다시 한 번 이야기하겠지만, 거기에 있는 글자들의 연결이 뿅 하고 자동적으로 소설로 되는 것은 아니다. 글자를 읽는 시간을 통해 조금씩 소설로서 이륙해간다.

그러나 글자의 연결은 이륙하더라도 소설을 쓰고 있는 작가 자신은 절대로 이륙해서는 안 된다. 작가 자신이 이륙해버리면, 작가 자신의 마음이 소설의 전개에 편리한 픽션 일색으로 물들어버린다. 머리를 소설 모드로 바꾸지 않는 것이나 소설 언어를 사용하지 않는 것은 작가 자신이 현실에서 멀어지지 않기 위한 방법이다. 이를 위한 가장 좋은 방법은 자신이 소중하게 생각하고 있는 것을 버리지 않는 것이라고 생각한다.

등에 기구가 달려 있어서 자기도 모르는 사이에 발이 땅에서 붕 떠버리는 것은, 나로서는 넓은 의미에서의 '배신'과 통한다. '소설가라는 것' 이전에, '소설을 쓰는 것'이 나에게는 소설을 쓰기 전의 나 자신을 배신하는 것처럼 느껴져서 견딜 수가 없다.

그래서 나는 함께 사는 고양이를 배신하지 않기 위해서 고양이를 등장인물의 비유로 사용하지 않는다. 다른 등장인물을 주인공의 심리를 비유하는 데에 이용하지 않는 것과 마찬가지다.

그리고 친구를 등장인물의 원형으로 삼는 일이 많은 나는 그 인물들을 소설의 전개에 편리한 대로 변형하지도 않는다. 설령 등장인물의 원형으로 삼은 친구가 없더라도, '친구'라는 개념을 농락하지 않기 위해서 그들(그녀들)을 지독한 캐릭터로 그리려고 생각하지도 않는다.

앞 절의 '지방'에서 이야기했듯이, 자신이 자란 곳을 좋아한다면, 그것을 완전히 잊어버린 듯한 소설 세계로 만들어버리는 것은 이상하다. 지방을 완전히 잊어버린 듯한 소설은 '서울에 나가 성공했으니까 출신지에 있는 친구나 친척, 가족은 거들떠보지도 않게 된다' 나에게는 이런 이미지로 보이고 만다.

성공을 위해서라면 자기의 과거나 현재의 주위 사람들을 희생해도 관계없다는 생각은 소설뿐만이 아니라 어떤 표현 수단이나 어떤 직업이라도 용서할 수 없다는 것이 기묘하다면 기묘한 나의 신념이다.

일인칭이냐, 삼인칭이냐

소설을 일인칭으로 쓰느냐, 삼인칭으로 쓰느냐에 대해서 글을 쓰는 사람은 상당히 고심한다. 그러나 결론부터 말하자면, 소설은 자신에게 가장 잘 맞는 인칭으로 쓸 수밖에 없다.

다만 소설의 구조에 따라서는 아무래도 일인칭이 아니면 안 되기도 하고, 삼인칭이 아니면 쓸 수 없는 경우도 있다.

내 경우 일인칭 소설이 많은 것은 소설이란 디테일이 쌓임으로써 완성된다는 생각이 바탕을 이루고 있기 때문이다. 즉, 소설 속의 '나'가 본 것이나 느낀 것이 하나씩 쌓이면서 무언가 커다란 흐름이 되어간다. 나에게는 이런 구조적인 이미지가 있기 때문에 대개의 소설이 일인칭이 된다.

최신작인 《컨버세이션 피스》도 쓰기 전에는 일인칭으로 할지, 삼인칭으로 할지를 놓고 상당히 고민했다. 이 소설에서는 (1) 직접적으로는 보이지 않는 (물리적으로 시선이 닿지 않는) 장소가 있고, 그 보이지 않는 장소와 '나'의 관계가 어떻게 바뀌어갈까 하는 것, (2) '나'는 시간적으로는 현재에 살고 있는데, 과거(기억)가 마치 현재와 동등한 현실감을 갖는 것이 가능한가 하는 것, 이 두 가지를 모티브로 하고 있기 때문에 결국 일인칭을 택했다. 다만 읽는 사람의 입장에서 보면, 그 소설이 일인칭으로 씌어져 있든, 삼인칭으로 씌어져 있든 그다지 관계가 없을 것이라고 생각한다.

예를 들어 카프카의 《성》의 주인공은 'K', 즉 삼인칭으로 씌어져 있다. 그런데 최근에 발견된 그의 원래 원고에는 도중에 'K'가 일인칭으로 바뀌어 있다고 한다. 카프카 소설의 주인공은 모두 삼인칭이다. 하지만 주인공의 이름을 '나'라고 바꾸어도 마찬가지로 잘 읽힌다고 흔히들 말한다. 카프카의 원고에서 삼인칭이 도중에 일인칭으로 바뀌어버린 것은 뜻밖에도 그러한 통설을 증명한 것이라고도 할 수 있다.

어쨌건 카프카는 모든 점에서 특이한 소설가이기는 하지만,

소설의 인칭이란 읽는 사람에게 있어서뿐만 아니라 쓰는 사람에게도 그 정도의 것이라는 식으로 생각하는 편이 나을지도 모른다. 쓰는 사람은 '일인칭으로 할까 삼인칭으로 할까' 아무래도 고민하게 되지만, 그 차이가 본질적인 것은 아니라는 식으로 생각해보는 것도 필요하다고 생각한다.

독자를 픽션의 세계로 이끈다

이제 드디어 소설을 쓰기 시작하는 단계의 이야기이다.

처음에 직면하는 것은 '첫머리'이다. 일단 첫머리를 어떻게 처리해야 할까 하는 것은 꽤 어려운 문제라고 생각하기 바란다.

소설의 '첫머리'란, 그 소설을 읽기 시작하기 전까지는 흔히 집안일을 하거나 다른 일을 하고 있던 사람이 '지금부터 픽션이 시작되는군' 하는 느낌으로 읽는 곳이다. 그러나 동시에 읽는 사람의 마음은 아직 현실(일상) 속에 있다.

요즘에 많이 사용하는 방법은, 그때까지 현실 세계(픽션도 0의 세계)에 있던 독자를 억지로 '픽션도 100'의 세계로 끌어들이는 수법이다. 예를 들면 '길을 걷고 있었는데, 누군가 느닷없이 내 뺨을 갈겼다' '이런 일을 언제까지 계속해야 하나, 라고 생각하고 H는 침을 퉤 뱉었다'와 같이 갑작스런 동작(액션)으로 시작하는 형태이다. 처음부터 권총을 난사하는 장면으로 시작하는 영화와 비슷한 도입부의 소설이라고 생각하면 된다.

이것은 아무래도 소설다운 첫머리이긴 하지만 나에게는 너무 무방비 상태라고 할까, 사려가 깊지 않다고 생각된다.

픽션도 100의 세계로 독자를 데려가는 수법은 '지금부터 픽션을 시작합니다'라고 하는 도입부로서는 전혀 틈을 주지 않는다는 의미에서 매우 알기 쉽고 간결할지도 모른다. 독자도 갑작스런 액션으로 시작하는 소설을 일종의 약속으로 이해하는 면이 있고, 깨끗이 픽션의 세계로 들어가 준다는 기분도 있는 듯하다.

그러나 거꾸로 말하면, 갑자기 픽션도 100의 세계를 만들고, 그곳으로 독자를 몰아넣는 것은, 소설 작가가 현실과 다른 장소를 만들고, 픽션이라는 울타리로 지키는 것이기도 하다.

이것은 설화나 민담이 '옛날 옛날 어느 마을에……'라는 구절로 시작하는 구조와 비슷하다. 설화든, 민담이든 리얼리티가 있는 이야기는 픽션이라는 틀을 넘어 읽는 사람의 세계관을 뒤흔드는 것이다. 그런데 이런 힘이 점점 더 없어지고 있다는 인식이 현대 문학을 현대 문학답게 만들고 있다. '인식'이라고 할 만큼 명확한 것이 아니라 기분이나 예감 또는 느낌 정도의 것일지도 모른다. 어쨌건 이러한 점을 느낄 수 있는 능력이 현대 문학에는 필요하다.

이 '픽션도 100'의 첫머리는 결코 오래된 것은 아니라, 픽션과 현실의 관계에서 생겨난 것 가운데 하나이다. 처음에는 분명히 '옛날 옛날 어느 마을에……'와 같은 정형처럼 들리지 않고, 좀 더 불안정한 긴장감을 안고 있는 첫머리라고 느껴진다. 그러므로 이 유형의 첫머리로 소설을 시작하더라도, 단지 하나의 '수법'이라고만 생각하지 말라. 이것 또한 소설을 소설답게 만드는 역학의 소산이라고 일단 생각하고 소설을 쓰기 시작하기 바란다. 소설이라는 것은 일단 생각한 것이 반드시 반영되는 표현 형식이다.

픽션과 현실 사이

그런 의미에서 나는 소설은 '픽션도 10' 정도에서 느긋하게 시작하는 편이 좋다고 생각한다. 나는 소설이 픽션이라고는 해도, 현실과 연락을 취하면서 조용히 이륙해가는 것이 좋다고 생각한다. 그러려면 '픽션도 10' 정도로 쓰기 시작하는 것이 딱 알맞다.

예를 들면 콘서트에 갈 때의 일을 상상해보자. '콘서트에 간다'고 생각하고 집을 나서서 전철을 탔을 때만 해도 아직은 다른 사람들과 같은 얼굴을 하고 있다. 그러나 '콘서트에 간다'라는 특별한 시간은 이미 시작된 것이다. 그렇다고 계속해서 콘서트에만 마음을 빼앗기지는 않는다. 건너편에 앉아 있는 사람에게 눈길을 던지기도 한다. 역을 나와서 콘서트 장소를 향해 걷다 보면, 자신과 같은 방향을 걷고 있는 사람들로 가득하고, 여기저기 암표상도 눈에 띈다. 그리고 마침내 티켓을 건넨 다음, 콘서트홀에 들어선다. 이런 일련의 흐름이 있기 때문에 콘서트홀의 조명이 꺼지는 순간, 록 콘서트라면 환성이 터지고, 클래

식 콘서트라면 갑자기 주위가 조용해진다. 콘서트홀의 조명이 꺼졌기 때문에 이런 반응이 나오는 것이 아니라, 그때까지의 흐름이 있었기 때문에 모두가 이렇게 반응한다.

나에게 소설의 첫머리는 '콘서트홀이 어두워지는 순간'이 아니라, '콘서트에 가기 위해서 집을 나설 때' 정도에 가깝다.

이 콘서트에 간다고 하는 비유는 나 개인적인 상상이므로, 이것이 그대로 독자에게 전달된다고는 생각할 수 없다. 그러나 현실에서 픽션으로 들어간다는 의식을 독자들이 가져주었으면 하고 바란다. "예, 여기 소설이 있습니다."라고 말하면서 책을 내민다고 해서 누구나 다 소박한 독자가 되어주는 것은 아니다. 소설로서 지나치게 정형화된 첫머리는 오히려 독자의 흥을 깨는 일이 많다.

그러므로 독자 한 사람 한 사람이 처음으로 픽션을 접한다는 마음으로 쓰기 시작하는 것이 중요해진다. 천천히 시작하는 것도 좋고, 갑자기 옆방으로 들어가듯이 시작하는 것도 좋다. 여러 가지 첫머리를 써봄으로써, 픽션과 현실 사이에 거리감을 두는 법을 알게 될 것이다.

첫머리는 어색한 속도가 좋다

소설의 첫머리에는 그 밖에도 귀찮은 점이 많다. 그 가운데 하나는 첫머리의 속도가 소설 전체의 속도를 규정해버린다는 것이다. 예를 들면 휙 하고 빠르고 날카로운 인간의 액션으로 시작을 하면, 그 이후에는 액션이 빠진 문장이 모두 지지부진한 것처럼 느껴져서, 더 이상 진도를 나갈 수 없게 된다.

'속도감이 있다'라는 말은 소설을 칭찬하는 말로 쓰이는 일이 많다. 하지만 그러한 소설관은 지나치게 일면적인 소설관이다. 지금까지 별로 쓴 적이 없는 소설을 그렇게 속도감 있게 쓸 수 있을 턱이 없다. 속도감 있게 술술 쓴 글은 일단 의심해보아야 한다. 소설을 쓰고자 하는 사람들의 글은 속도감이 있고, 문장 또한 결코 뒤떨어지지 않는다. 그러나 그것은 5장에서 이야기했듯이 '그림을 보면서 그림을 그리는 것'과 마찬가지로 대개의 경우, 견본이 있다.

소설을 쓴다는 것은 이런 식으로 '쓸 수 있는 글'을 쓰는 것이 아니라, 아무것도 없는 곳에서 자신의 글을 완성시켜가는 것이다. 그러므로 첫머리 쓰기는 매우 쉽지 않은 일이며, 결코 속도감 있게 쓸 수 없는 일이다. 술술 쓰는 첫머리나 속도감 있는 첫머리는(다른 부분도 마찬가지지만), 이미 누군가가 써버린 첫머리라고 생각하는 편이 낫다.

이런 의미에서 그 이후의 소설의 속도를 규정하지 않아야 한다는 의미와, 아무것도 없는 곳에서 글을 완성한다는 두 가지 의미에서 첫머리의 속도는 어색한 편이 좋다. 예를 들면 이런 느낌이다.

(1) 오랜 세월이 흘러 총살대 앞에 서는 처지가 되었을 때, 아우

렐리아노 부엔디아 대령은 부친을 따라가 처음으로 얼음을 보았던, 오래 전 그날의 오후를 생각해냈음에 틀림이 없다.

(2) 비가 내리기 시작하고 나서 3일째에 모두가 집 안에서 죽은 엄청난 숫자의 게를, 펠라요가 물에 잠긴 뒤뜰을 가로질러 바다에 버리러 가야만 했던 것은 갓 태어난 아기의 열이 밤새 내리지 않아서 모두 그것이 악취 탓이라고 생각했기 때문이었다.

두 인용문 모두 가르시아 마르케스의 작품에서 가져온 것으로, (1)은 《백 년 동안의 고독》, (2)는 《커다란 날개를 가진 노인》의 첫머리이다.

(2)의 경우, 어떤 번역은 한 문장으로 되어 있지 않고 두 문장으로 나뉘어 있는데, 이 첫머리를 두 문장으로 나누어버리면 의미가 없다. 어떤 음악의 서두가 너무 길다고 해서 절반으로 줄여버릴 수는 없는 것과 같은 이치이다. 이 시기, 가르시아 마르케스의 문장이 지닌 매력은 이렇게 복문 관계절로 복잡하게 얽혀 있어서 커다란 괴물이 천천히 몸을 일으키는 듯한 느낌을 주는 데 있다. 앞에서 말한 픽션도로 말하면 한없이 100에 가깝지만, '길을 걷고 있었는데, 누군가가 느닷없이 내 뺨을 때렸다'와 같은 첫머리와는 커다란 차이가 있다.

이 문장은 소요 시간 거의 0초 만에 픽션이 된다. 쓰는 사람의 입장에서 보면 첫 글자를 쓰기도 전에 이미 픽션이 되어 있다.

이에 반해 (1)과 (2), 특히 (2)는 기다란 문장 하나를 읽는 동안 픽션이 시작된다. 읽는 데 걸리는 시간은 기껏해야 20초 정도이지만, 독자의 주관으로는 훨씬 더 길게 느껴진다. 여러 요소가 가득 들어 있기 때문이기도 하지만, 그보다는 픽션이 여기에서 천천히 시작되기 때문이다. 이 문장 속에서 시간이 일상의 시간으로부터 픽션의 시간으로 옮겨가기 때문에 길게 느껴진다. 아니, 거기에는 이제 통상적인, 측정 가능한 시간은 더 이상 흐르지 않는 것이다.

첫머리와 관련지어 하나 더 덧붙여 말하자면, 편지·일기·수기, 또는 독백·고백의 체재를 띤 소설도 쓰지 않는 편이 좋다. 그것들은 첫 문장부터 픽션으로서의 그럴듯한 모양이 나버리기 때문이다.

지나치게 소설 티가 나는 소설은 좋은 소설이 아니라는 것은 새삼 설명할 필요도 없을 것이다. 소설이 되기 곤란함을 안은 소설만이 소설로서 쓰는 영토를 넓힐 수 있다. 소설은 모양이 아니라 '무엇을 쓸까?', '이런 방식으로 무엇을 쓸 수 있을까?'에 대해 생각하는 것이라는 점을 늘 잊지 말기 바란다.

회상의 형식을 버리고 시간 순으로 쓴다

4장에서도 간단히 언급했지만, 소설 가운데에는 주인공이 과거를 '회상'하는 장면이 나오는 작품이 적지 않다. 특히 100매

전후의 투고 소설이나 습작 단계의 소설에서는 회상이 마구 사용되는 경향이 있다. 주인공인 나(딸)와 어머니의 부정적인 관계에 대해 쓴 소설을 예로 들어보자. 어머니의 맹목적인 사랑을 상징하는 유년기의 사건을 비롯해 사춘기 때의 '간섭하는 어머니'를 보여주는 에피소드를 회상하고, 그리고 최근의 사건으로는 결혼식 직전에 어머니가 보여준 묘하게 차가운 태도를 회상한다. 이런 식으로 회상 장면이 차례로 전개된다.

회상 장면을 많이 넣으면, 100매 전후의 소설에도 많은 장면을 집어넣을 수 있기 때문에 확실히 편리하다. 그러나 회상 장면으로 소설을 이끌어가는 것은 손해가 많다.

우선 이 수법은 대부분의 사람들이 지나치게 많이 쓰고 있기 때문에, 읽는 사람들도 '또 이거야?' 하고 생각하게 된다. 신인상의 심사에서뿐만 아니라 평소에 소설을 읽을 때에도 '또 이거야?'만큼 나쁜 인상을 주는 것은 없다.

다음으로, 소설 그 자체가 단조로워진다. 회상 장면이 많은 소설에서는, 시간이 과거와 현재를 왕복하기 때문에 얼핏 보면 기복이 풍부한 이야기처럼 생각될 수도 있다. 그러나 실제로는 이들 회상 장면이 단지 '현재'를 설명하기 위해서 삽입되어 있는 구조이다. 그때문에 소설이 진행하고 있는 시간에는 혼란이 없으나, 거꾸로 말하면, 불확정 요소가 없기 때문에 그 소설은 단조로워진다. 이미 일어난 사건을 곱씹어보는 것이 회상이기 때문에 소설로서의 운동량이 적어지는 것은 당연하다.

또 이것으로부터의 당연한 귀결로, 회상은 대개의 경우, 주인공이 자신의 심경을 토로하기 위한 수단이 된다. 게다가 이야기 자체의 시간(주인공이 실제로 겪는 시간)은 흐르지 않기 때문에 주인공의 심경은 소설이 시작할 때부터 끝날 때까지 전혀 변하지 않는다. 개중에는 지금까지 죽 상대를 싫어했지만, 맨 마지막에 상대를 용서하게 되었다는 스토리의 소설도 있긴 하지만, 이런 소설 또한 전체의 90퍼센트 이상은 '상대가 싫다'는 톤으로 진행된다. 이러한 소설의 경우, '상대가 싫은' 이유를 과거로 거슬러 올라가 장황하게 늘어놓은 것으로 읽기가 몹시 괴롭다. 쓰고 있는 사람도 이래서는 전혀 즐겁지가 않을 것이다.

여기에서 가장 중요한 것은 회상이 많은 소설을 쓰면 소설을 쓰는 '테크닉'이 절대로 향상되지 않는다는 것이다. 회상만으로 소설을 이어가려 하면, 주인공은 단지 책상 앞에 앉아 있기만 해도 된다.

회상 장면이 많은 소설 가운데 조금 공을 들인 소설로는 이런 것도 있다. 이런 소설에는 예를 들어 아침에 일어나 직장을 가는 시간도 설정해두고, 직장에서 일어나는 몇 가지 사건에 대해서도 이야기가 된다. 이렇게 나름대로 시간 축을 또 하나 세우는 것이다. 그러나 소설을 쓰는 사람의 주된 관심이 '지금 여기'에 있는 것이 아니기 때문에 주인공이 실제로 살고 있는 시간·공간에 대한 배려가 소홀해지고, 틀에 박힌 광경과 인물만이 나타난다.

그렇다고 해서 회상의 시간·공간·인물 등이 그만큼 농밀(濃密)해지느냐 하면 결코 그렇게는 되지 않는다. 왜냐하면 '회상을 많이 사용하자'고 생각한 시점에서 이미 쓰는 사람의 관심이 주위가 아니라 주인공의 심경 쪽으로만 향하기 때문이다.

회상과 심경의 관계는 수법을 뛰어넘는 본질적(구조적)인 것이라고 생각한다. '심경에 관심이 있다', '심경을 쓰고 싶다'는 것이 소설을 쓰고자 하는 사람들 모두의 출발점일지도 모른다(나는 추측으로밖에 말할 수 없다). 그러나 그것만으로는 소설이 될 수 없다.

소설이 되기 위해서는 자신의 동기를 외부로부터 상대화할 필요가 있다. 그러기 위해서는 시간 순으로 쓰는 것이 좋다. 시간 순으로 쓰는 것은 어려울지도 모른다. 그러나 어려운 일을 함으로써 나이브(소박)한 자신이 상대화된다.

테크닉이란 자신을 도와주는 것이 아니라 자신을 다른 차원으로 데려가는 것임을 이해할 필요가 있고, 이런 관점에서만 테크닉이 의미가 있다. 테크닉을 습득하면 작업이 쉬워질 수 있다는 생각은 근본적으로 잘못된 예술관(표현관)이다.

'꿈'을 사용하는 것은 지나치게 안이한 발상이다

회상과 나란히 주인공의 심경을 부각시키는 수법으로서 많이 사용되는 것이 '꿈'이다.

'심경을 부각시킨다'라는 나답지 않은 수사적 표현을 사용했는데, 이것은 회상이나 꿈을 많이 사용하는 사람의 의도를 추측한 것이다. 수사를 빼고 말하면 '심경 설명'이라는 것이다.

그렇지만 회상이나 꿈을 활용해서 심경을 부각시키고자 하는 사람은 이 두 가지를 단순한 '설명'이라고는 생각하지 않을 것이다. 현재에서 멀리 떨어진 주인공의 과거(회상)나, 주인공이 명확히는 의식하지 못하는 무의식(꿈)을 기술함으로써 심경의 조형造形이 중층화 되고 두터워진다고 생각하는 것일까? 아마 소설 창작법 강의시간에 이렇게 배운 것일지도 모르겠다.

그러나 앞에서도 이야기했듯이 회상이란 현재의 설명에 지나지 않는다. 회상이 되면 이미 그것은 모두 현재다. 기분이 우울할 때에는 우울한 기억밖에 떠올리지 못하는 것이 인간이다. 즐거웠던 기억조차도 우울할 때에 생각하면 부정적인 색깔을 띠고 만다.

인간의 의식이란 이처럼 과거조차도 자신에게 편리한 대로 변형해버린다. 인간의 의식이 과거의 기억을 편리한 대로 변형하는 것을 피하는 방법이 바로 꿈을 이용하는 것이다. 꿈은 꾸는 사람 스스로도 잘 설명할 수가 없다. 기억해서 재현하려고 해도 여기저기 빈틈이 많고 사리도 맞지 않아 전체적으로 흐리멍덩하게 된다. 간단히 말해 해석할 수 없다는 것이 꿈이 가진 최대의 특징이다.

꿈을 꼼꼼히 검토해보면 전날 보았던 풍경이거나 몇 년 전에 보았던 풍경이다. 그렇다고 거기에 직접적인 의미가 있는 것은 아니다. 또 매우 에로틱한 꿈을 꿀 때도 있다. 그러나 꿈에서는 원칙적으로 자기 검열이 작용하고 있기 때문에 '이런 여자와 하고 싶다'고 생각했다고 해서, 바로 그날 밤에 그런 꿈을 꿀 수는 없다. 즉, 꿈은 부분적으로는 해석이 가능하지만 전체적으로는 여전히 해석이 불가능하다. 어떤 꿈을 꾸는 타이밍도 갑작스럽다.

평소에 꿈에 대해 관심이 매우 많은 사람들이 있다. 개중에는 자기가 꾼 꿈을 일일이 기록하기도 한다(소설가가 되려 하는 사람들 가운데에 이런 사람들이 의외로 많을지 모른다). 이런 사람들은 꿈의 내용을 상당히 컨트롤할 수 있게 되었다는 이야기도 있다. 어쨌든 주인공의 심경을 설명하기 위해 꿈을 이용하려면, 우선 주인공을 그러한 습관을 갖고 있는 인물로 묘사해두지 않으면 안 된다.

꿈은 무의식의 발로다. 의식이나 심경을 간단하게 설명할 수 있는 도구는 아니다. 그러므로 소설의 '수법'으로 꿈을 이용하는 것은 안이한 방법일 뿐만 아니라 잘못된 방법이기도 하다.

다만 꿈이 무의식의 발로라는 생각을 확실하게 갖는다면, 그 소설은 넓어질 수 있다. 그저 심경을 설명할 작정으로 꿈을 등장시켰다 해도, 꿈에 의해서 주인공의 현재 심경을 둘러싼, 주인공 자신이 의식하지 못하고 있는 무의식과의 관계가 시작되는 셈이 되므로, 처음에 쓰려고 생각했던 심경이 점점 상대화되어 간다. 몇 번씩이나 반복해서 말하지만, 작품 세계란 소설을 쓰는 사람이 컨트롤할 수 없는 곳에서 무엇인가가 만들어지는 것이므로.

독자를 어떻게 웃게 할까

　소설에는 '웃음'이 필요하다. 내 소설에 실제로 웃기는 데가 있느냐 없느냐는 별도로 치고, 나는 내 자신의 소설에도 웃음을 넣고 싶다는 마음을 늘 가지면서 글을 쓴다.
　여기에서 내가 말하는 웃음이란 '유머 소설'이나 '코믹 소설'이라고 불리는 소설에 나오는 웃음이 아니다. 나는 이런 종류의 소설을 읽은 적도 없지만, 설령 읽었더라도 아마 웃지 않았을 것이라고 생각한다. 예정 조화적인 웃음은 웃음이 아니라고 생각하며, 실제로도 우습지 않기 때문이다. 그리고 '조소嘲笑' 또한 안 된다. 조소는 단순한 공격이고 웃음에는 포함되지 않는다. 웃음은 철저히 무의미하고 터무니가 없어야 한다.
　일상에서 일어나는 갑작스럽고 어이없는 웃음은 축구로 말하면 '흐름 속의 득점'과 같은 것으로서 정해진 틀이 없다. 그러므로 흐름을 모르고 득점 부분만 보여주더라도 실제로 일어난 웃음은 재현할 수 없다. 그 사람의 캐릭터나 그 장소의 분위기 등 여러 가지가 복합적으로 작용하여 웃음의 분출로 이어진다.
　소설을 통해 웃음을 만들어내는 것이 완전히 불가능한 것은 아니다. 고지마 노부오小島信夫의 소설 속에서는 훌륭하게 웃음을 끌어내고 있다. 《포옹 가족》의 일부를 인용해보자(인용에는 흐름이 빠져 있으므로 이 부분만으로 독자를 웃게 하는 것은 어려울지도 모르지만).
　주인공 슌스케俊介는 아내와 사이가 좋지 않다. 그래서 어떻게든 아내와의 관계를 개선해보려는 마음에서 그는 아내와 딸을 영화관에 데려간다. 인용 부분은 영화관에 가기 위해서 버스를 타는 장면이다. 1960년대의 일이므로 버스에는 아직 차장이 있고, 슌스케가 세 사람 몫의 요금을 내려 한다.

슌스케는 딸을 재촉해서 아내와 셋이서 긴자^{銀座} 방면으로 가는 버스를 탔다.
"저기 있는 두 사람도 일행입니다. 그래요, 일행이에요. 저 사람들은 내 아내와 딸이니까."
하고 슌스케는 버스 안에서 여차장에게 소리쳤다.
"어떤 분 말이에요?"
"저기 있는 사람입니다. 나랑 나란히 없더라도 아내는 아내지요. 딸은 딸이고요."

버스 차장에게 굳이 아내와 딸이라고 밝히는 부분이 재미있다. 이 인용 부분만 보면 별로 재미없을지도 모르지만, 고지마 노부오의 소설에서는 이런 식으로 뜻하지 않은 곳에서 자신의 생각이 튀어나옴으로써 웃음을 이끌어낸다.
이 《포옹 가족》에서는 아내가 바람을 피우고, 유방암에 걸린다. 그래서 남편인 슌스케가 의사와 상담을 하다가 문득 이런 말을 꺼낸다.

"선생님, 아내가 유방암에 걸린 것은 바람을 피웠기 때문입니까? 아니면 유방암에 걸렸기 때문에 바람을 피운 것입니까?"

바람과 유방암은 전혀 관계가 없다. 그러나 슌스케의 머릿속에서는 이 두 가지가 이미 서로 인과 관계를 지니고 있다.《포옹 가족》이 어디까지 실제로 있었던 이야기이고, 어디서부터 작가가 쓰면서 생각해낸 이야기인지는 알 수 없지만, 여기에는 작가와 주인공의 사이에 불가사의한 거리 같은 것이 있다. 아내가 결국 유방암으로 죽는다는 이야기는 심각한 것이지만 갑작스레 튀어나오는 웃음에 의해서 그 심각함이 묘한 분위기를 띠게 된다.

오로지 심각하기만 한 수기가 베스트셀러가 되는 일이 흔히 있지만 거기에는 이미 알고 있는 심각함밖에 없다. 그것은 '심각한 이야기'로 포장해놓은 상품에 지나지 않는다. 그러나 현실에서 일어나는 심각한 사건은 훨씬 더 복잡하고, 그 사건이 계속되는 동안이라고 해서 사건의 당사자가 한 번도 웃지 않는 것은 아니다. 그것을 목격하는 사람이 조심성이 없다고 욕할 줄 알면서도 웃고 마는 일을 당사자가 한 번도 저지르지 않는 것도 아니다.

웃음을 통해 독자는 현실의 복잡함을 안다(작가 자신도 안다). 웃음을 없애면, 작가는 마음껏 그 심각함에 취할 수 있고, 독자 또한 안심하고 심각함에 빠져들 수 있다. 그러나 거기에는 단조롭고 획일적인 감정과 사고밖에 없다.

자신이 쓰는 소설에 실제로 웃음을 집어넣을 수 있느냐 하는 문제는 별개로 치더라도, 독자를 웃게 하려고 애쓰는 것은 머리를 다른 방식으로 사용하는 것이고, 그렇게 함으로써 지금 쓰고 있는 소설과도 거리를 둘 수 있다.

일상에서 일어나는 갑작스럽고 어이없는 웃음은 '흐름 속의 득점'과 같은 것이라고 했는데, '세트 플레이를 통한 득점'과 같이 준비된 웃음도 좋다. 세트 플레이에 의한 득점이란 코너킥이나 프리킥에서 선수의 위치 관계와 역할 분담을 미리 정해두고 그것을 철저히 연습한 다음 실전에서 사용하는 득점 방법이다. 이런 웃음(어떠한 웃음일까?)을 준비해두었다가 적절한 타이밍에 내놓는 것도 좋다. 미리 준비해둔 대사는 막상 그 자리가 되면 사용할 수 없다고 이미 이야기했다. 그럼에도 준비된 웃음을 사용하려고 애를 쓰면, 글을 쓸 때의 기분이 단조로워지지 않기 때문에 작품과 거리를 둘 수 있는 것이다.

'웃음'에 대해서만 이야기했는데, 엉뚱함이나 갑작스러움 등에 대해서까지 폭넓게 생각하는 것이 소설을 쓰는 과정에는 꼭 필요하다. 좋은 소설에는 반드시 이런 요소들이 들어 있다고 단언해도 좋다.

'감상적인 소설'은 죄악이다

'웃음'의 필요성과 더불어 '감상'에 빠지는(젖는) 것의 폐해에 대해서도 언급해두자.

감상적인 소설이나 스토리 위주로 쓴 소설은, 오로지 심각한 이야기만 담겨 있는 수기와 마찬가지로, 베스트셀러가 되는 일이 많다. 하지만 이런 소설이 베스트셀러가 되는 이유는 '독자가 아직 성숙되어 있지 않기 때문이다'라고 잘라 말할 수 있다.

책이 많이 팔리면 그보다 더 좋은 일은 없겠지만, 그렇다고 많이 팔기 위해서 책을 쓰는 것은 아니다. 이 두 문장으로 만들어지는 중문에 담긴 논리는 간단하게 왜곡되어, '많이 팔기 위해서 책을 쓰는' 사람과 '책은 많이 팔리지 않아도 된다고 주장하는' 사람으로 곧장 나누어져 버린다. 그러나 이 두 가지 명제로 이루어진 중문은 양쪽 다 기억해두지 않으면 의미가 없다. 이와 비슷한 논리는 이 밖에도 많다.

'부모는 자식이 실패하더라도 따뜻하게 맞아주지만, 자식이 실패했으면 하고 바라는 부모는 없다'

'사랑은 언젠가 식을지 모르지만, 식기를 바라고 사랑을 시작하는 것은 아니다'

이런 식의 말을 하면, 대개의 사람들은 '결국 실패하기를 바라는 것이군', '결국 사랑은 식는 것이군' 하고 단순한 이해밖에 하지 못하지만, '……하지만'으로 연결된 양쪽이 모두 갖추어져야 비로소 의미를 이룬다.

앞에서 이야기한, '웃음'을 통해 알게 되는 현실의 복잡함은 이 중문의 논리와 상통하는 점이 있다. 그러나 감상적인 소설은 오로지 심각할 뿐인 수기와 마찬가지로 감정이나 사고가 오직 단색으로만 칠해져 있다.

감상적인 소설은 문장이 단조롭거나 또는 거꾸로 기교를 너무 많이 부린 정밀한 수작업처럼 보인다. 그러나 어느 쪽이든 본질은 같다. 그리고 작가는 자신이 만들어낸 글의 세계에 푹 빠져 있어 그 세계 밖으로는 나오려고 하지 않는다.

이렇게 한 가지 색깔로만 칠해진 듯한 소설은 좋지 않다. 나 자신은 한 걸음 더 나아가 감상적인 소설은 죄악이라고까지 생각한다.

감상적인 이야기는, 친구나 가까운 사람이 죽은 시점에서부터 그가 죽음에 이를 때까지의 과정을 되돌아본 다음, '그때 나로서는 아무것도 할 수가 없었다' 하고 자신의 무력함을 달콤하게 맛보는 짜임새로 되어 있는데, 바로 이 방관자적인 태도가 죄악이다.

당사자로서 자신이 사건에 관련이 되어 있다면, 그 사건이 끝나더라도 사건의 부조리함에 계속해서 화를 내거나 '그렇게 했더라면 좋았지 않았을까……', '이런 방법도 있지 않았을까……' 하고 이리저리 생각을 계속할 것이다. 그러나 감상적인 글쓰기 방식은 아직까지 정리가 안 된 마음을 전부 아름다운 말로 승화시켜 버린다.

감상적인 글쓰기는 '방관자적인 태도'를 취하게 마련이며, '글의 세계에 푹 빠져 있어 그 세계 밖으로는 나오려고 하지 않는다'고 했다. 그런데 독자들은 이 두 가지가 서로 같은 의미라는 것을 알겠는가? 감상적인 소설을 쓰는 사람은 스스로 방관자적인 입장에 서기 때문에 글의 세계에 푹 빠질 수 있는 것이다.

이것은 리얼리티라는 것과는 정반대이다. 리얼리티란 그것을 만들어내는 사이클 속에 작가가 말려들어감으로써 비로소 생겨난다. 즉, 글을 쓰는 감정이나 사고를 단색으로 칠하지 않음으로써 글이 현실과 연락을 취하고 거기에서 리얼리티가 생겨난다.

감상적인 소설은 외부 세계와 차단되면 더 좋기 때문에 표면적인 테크닉만으로도 글을 쓸 수 있다. 소설에 현실을 들여온다면 그 소설은 절대로 감상적일 수가 없다.

결말다운 결말이란

흔히 내 작품에는 결말다운 결말, 즉 '끝'이 없다는 말을 많이 한다. 그래서 당연하게도 라스트 부분에서 카타르시스 같은 것도 없다. 이것은 물론 일부러 그렇게 하는 것이다.

이유는 여기에서도 마찬가지다. 소설이라는 것이 현실로부터 멀어져 픽션으로 끝나버려서는 안 되기 때문이다. 결말에서 독자에게 카타르시스를 주어버리면, 소설은 픽션으로 거기에서 끝나 (닫혀) 버린다. '첫머리'에 대해 이야기할 때, 소설은 현실과의 연결을 계속 유지하면서 천천히 시작하는 것이 좋다고 했다. 결말 또한 지나치게 딱 부러지게 정해두지 않고, 뭐랄까 '열려 있는 채로' 끝내고 싶은 것이다.

다만 이것은 '웃음'의 효용과 같이 논리적으로 설명할 수 있는 것은 아니다. 대개는 나의 미의식에 따르는 것인데, 요컨대 그렇게 하는 것이 나에게는 '모양이 좋다'. 어쨌든 지나치게 많은 의미만 두지 않는다면, 결말은 어떤 끝내기 방식이라도 좋다.

내가 이런 생각을 하게 된 데는 이유가 있다. 학생 시절 야마시타 요스케山下洋輔가 《피아니스트를 비웃어라!》라는 책에서 쓴, 세실 테일러의 아키사킬라 콘서트에 대한 에세이를 읽었던 것이 계기였다.

여기에서 간단히 세실 테일러와 이 콘서트에 대해 설명하기로 하자. 세실 테일러라는 사람은 1970년대 초, 프리 재즈의 거장으로 알려졌던 피아니스트다. 1973년에 일본 도쿄의 후생연금회관에서 '아키사킬라'라고 이름 붙인 콘서트를 했다. 그의 멤버는 알토색소폰의 지미 라이온스와 드럼의 앤드루 세실이었다. 이것이 어느 정도로 대단한 콘서트였는지는 CD 두 장으로 나온 라이브 앨범을 들어보면 잘 알 수 있다. 연주된 것은 고작 한 곡뿐이었는데, 연주 시간은 83분! 소리의 크기와 박력에서 공전절후라고 불렀던 콘서트였다.

당시에 마찬가지로 프리 재즈를 하고 있던 야마시타 요스케(지금도 하고 있다)는 이 콘서트를 듣고 나서 《피아니스트를 비웃어라!》라는 책 속에서 그때의 감상을 다음과 같이 쓰고 있다.

연주가 라스트에 가까워졌다(하지만 청중은 그 연주가 언제 끝날지 알 수 없었다). 색소폰의 지미 라이온스가 연주에 지쳐 무대 밖으로 사라졌다. 잠깐 동안 피아노와 드럼에 의한 연주만 계속되고 있었다. 갑자기 세실 테일러가 피아노 건반을 격렬하게 두들기더니 갑작스럽게 연주를 끝내버렸다. 드럼의 앤드루 시릴이 허둥대며 한 박자 뒤늦게 연주를 끝냈다. 그래서 CD를 들어보면, 둥둥둥 하고 드럼 소리가 몇 번 더 들린 뒤 연주가 종료된다. 무대에서 아무 소리도 나지 않자, "응? 끝난 건가?" 하는 듯한 침묵(이라고 할까 '음의 간격')이 다시 한 박자 있고, 그러고 나서 "우와!" 하는 커다란 환호성이 터진다.

이 엔딩에 대해서 야마시타 요스케와 함께 콘서트에 갔던 동료 모리야마 다케오森山威男(드럼)와 사카타 아키라坂田明(색소폰)는 "그렇게 압도적인 연주였기 때문에 마지막에는 모두가 다 일치하는 곳에서 사이좋게 끝내고 싶었던 것이다."와 같은 평가를 내렸다. 그러나 나중에 야마시타 요스케는 다음과 같이 생각을 바꾸었다.

세실 테일러는 압도적인 연주라면 어디에서 끊어도 압도적이라고 생각하지 않았을까. 결말이 이러니저러니로 좌우될 문제가 아니다. 어떻게 끝나더라도 압도적인 것은 압도적인 것이다.

이 야마시타 요스케의 에세이는 읽을 때는 물론, 지금도 마음에 남아 있어서, 이것이 내가 소설의 결말에 대해 그다지 심각하게 생각하지 않는 이유가 되었다(여기에서 한 마디 덧붙이자. 만일 당신이 친구의 체험담을 듣고 깊이 공감했을 경우, 친구의 체험은 곧 당신 자신의 체험이 된다. 당신은 친구의 체험이나 친구의 말에 담긴 가치관·의문·지향성[또는 그 맹아]을 늘 지니게 된다. 게다가 당신 자신의 생각과 꼭 들어맞을 때에는, 타인의 체험이나 책에서 읽은 말을 절대 잊어버리지 않게 된다. 독서뿐만 아니라 깊이 공감하는 '체험'이란 이런 것이다).

《플레인송》과 《계절의 기억》도 초고를 완성했을 때에는 좀 더 긴 소설이었는데, 무 자르듯 싹둑 잘라내 버렸다. 등장인물들의 대화나 행동이 앞으로도 이어질 것만 같은 그런 느낌이 가장 좋지 않을까 하는 생각을 했기 때문이다.

이런 생각은 지금도 변함이 없다. 《플레인송》의 경우, 담당 편집자로부터 《군조群像》 신인상에 응모하라는 추천을 받았다. 그러기 위해서는 매수 제한을 넘고 있으므로 몇십 매 정도 잘라내라는 말을 들었다. 그러나 나는 약간 허세를 부려 "그렇다면 매수가 딱 맞는 곳에서 잘라내도 좋다."고 대답했다(하지만 결국 신인상에는 응모하지 않고 그대로 게재되었다).

내 소설관으로 보면 어쨌든 도중에서 지루함을 느끼면, 독자는 그 뒤는 읽지 않는다, 라는 것이기 때문에 거기까지 지루하지 않게 계속되어 왔다면, 어디에서 결말을 내려도 관계없다. 마지막 행까지 독자가 왔다고 하는, 그것만으로 굉장한 것이다. 그것이 마지막 행이고 이 다음에는 더 이상 행이 없기 때문에 그곳이 끝이라는 것이다.

평생 단 한 번밖에 사용할 수 없는 '결말의 기법'

결말에 대한 나의 방식은 상당히 특수한 것일지 모른다. 그러므로 마지막으로 '평생 단 한 번밖에 사용할 수 없는 결말의 기법'을 소개한다.

어떤 이야기라도 상관없으니까, 소설의 마지막에 등장인물들이 모두 죽어버린다, 라는 것을 명확히 하는 것이다. 이렇게 하면, 결말을 중시하는 사람은 아마 놀랄 테고, 그리고 즐거워해줄 것이다.

《플레인송》은 "그저 일상적인 이야기를 썼을 뿐이다" 하는 말을 들었고, 이것이 소설로서 받아들여지는 데는 무려 10년 가까이나 걸렸다. 이 소설의 등장인물들은 실은 작품이 시작하기 전에 모두 죽었고, 모든 것은 그 죽음을 인정하려고 하지 않는 '나'가 만들어낸 망상이었다……, 라고 하는 꾸밈새를 취하고 있었다면, '아무것도 아닌 일상'의 가치가 전통적인 소설의 독자에게도 곧바로 이해되었을 것이고 받아들여지는 데도 시간이 오래 걸리지 않았을지도 모른다(그러나 그러했다면 나는 단기간에 얻었던 것보다 훨씬 큰 것을 잃게 되었겠지만).

이런 결말 기법은 실은 〈훗코리 효탄 섬〉이라는 텔레비전 프로그램이 힌트가 되었다. 이 프로그램은 화산이 분화하여 섬이 표류하기 시작하는 데서부터 시작된다. 최근에 이 프로그램이 리메이크된 것을 계기로 작가인 이노우에 히사시井上ひさし가 밝힌

바에 따르면 섬의 주민들은 화산이 분화할 때, 모두 죽었다고 하는, 말하자면 '이면의 설정'이 있었다고 한다.

이 '이면의 설정'을 몰랐던 사람은 새롭게 이 사실을 알고 적지 않은 충격을 받거나 뭐라 말하기 어려운 기묘한 기분을 갖게 되었을 것이다. '실은 모두 죽었다'라는 비밀 공개에는 어딘가 불가사의한(강렬한?) 효과가 있다. 우리는 아직 한 번도 '죽음'을 이해할 수 있었던 적이 없으므로, 뜻하지 않은 곳에서 죽음을 맞닥뜨리면 전체가 일거에 혼란에 빠져 버리는 것이다.

'죽음'이 아니라, 모두가 한 인간의 망상이 만들어낸 가공의 사건이었다고 하는 비밀 공개도 같은 효과를 갖는다. 이것은 픽션이라는 것의 기반에 대한 본질적인 의문이 분출하기 때문일지도 모르고, '이 세계는 모두 나의 망상이지 않을까'라는 일종의 '유아론唯我論'적인 불안이 누구의 마음속에나 있기 때문일지도 모른다.

그러나 그러한 효과보다도 결국 나는 〈홋코리 효탄 섬〉이 '이면의 설정'을 최후까지 드러내놓지 않을 만큼 오래 계속되었던 것에 의미가 있다고 생각한다. 어차피 '효과'는 효과에 지나지 않는다. 효과나 트릭을 좋아하는 사람은 사용해도 좋지만, 그 사람은 그만큼 진정한 소설로부터는 멀어지는 것이라고 생각해야 한다. 그러나 소설가를 목표로 하는 사람에게 신인상은 매우 높은 벽이라고 생각되기 때문에, 그를 위해 딱 한 번 정도는 사용해도 좋지 않을까, 하는 생각에서 이야기했다.

지금까지 여러 가지 테크닉에 대해서 이야기했다. 이런 이야기는 결국 일반론의 범주를 벗어나지는 않는다. 그러나 소설이란, 일반론에서는 '무리이다', '안 하는 것이 좋다'라고 하는 것들을 개별 작품 속에서 멋지게 해낼 수 있어야 한다. 그리고 이렇게 할 수 있는 작품은 반드시 좋은 평가를 받는다. 이런 낙관적인 생각(또는 신념)이 없으면, 소설 같은 것은 절대로 쓸 수 없다. 그렇고 그런 소재를 그렇고 그런 수법으로 연결한 '소설 비슷한 것'밖에 쓸 수 없다.

컴퓨터보다는 펜으로 써보자

이 장의 마지막으로 나는 소설을 쓰기 위한 '도구'에 대해서 말하려고 한다.

나는 펜으로 소설을 쓴다. 원고용지는 B4 사이즈의 400자 원고지이고, 필기용구는 중간 굵기의 까만 수성 사인펜이다. 최근에는 아마추어나 프로를 막론하고 컴퓨터로 소설을 쓰는 사람이 압도적으로 많은데, 내가 계속 손으로 쓰는 데는 다음과 같은 이유가 있다.

소설은 늘 '지금 쓰고 있는 것이 재미있을까, 재미없을까', '지금 쓰고 있는 부분과 전체의 관계는 어떠한 것인가'라는 것을 생각하면서 써나가는 것이다. 그런데 펜으로 쓰는 편이 지금 쓰고 있는 소설을 '일망一望'하기가 쉽다. 여기에서 말하는 '일망'이란 스토리의 흐름이 보인다는 것이 아니라, 소설의 각 부분이 어떻게 관련되어 있고 그것이 전체적으로 어떠한 이미지를 만들고 있는가를 파악하는 것이다. 그런데 컴퓨터 화면에서는 겨우 100매 정도의 소설밖에 '일망'할 수가 없다. 그 이상 긴 소설이 되면, 화면을 스크롤해서 되돌려 보아야 하는데, 그렇게 하면 단지 글자들이 훌쩍훌쩍 지나갈 뿐, 부분과 전체의 관계를 파악할 수는 없다.

이에 비해 원고용지는 파닥파닥하고 물리적으로 종이를 넘기기 때문에, 각 장면의 길이 등을 육체적으로 파악할 수 있고, 그것이 전체의 조망과도 통한다.

그리고 또 하나, 펜으로 쓸 경우, 글을 쓰다가도 재미가 있는지 없는지 일찍 알아차릴 수 있다. 손으로 펜을 잡고 쓴다는 것은 다시 말해 '노동'이고, 따라서 지금 하고 있는 일의 실감이 직접 전달된다. '노동'이란 의미에서 펜으로 쓴다는 것은 확실히 힘이 드는 일이다. 그러나 힘이 드는 만큼 쓰고 있는 것이 재미가 없으면 계속할 수도 없게 된다.

이런 점에서 컴퓨터라는 것은 어딘가 남에게 부탁받은 일, 즉 남의 일 같은 느낌이 든다. 그래서 재미가 없더라도 아무렇지도 않게 계속 써나가게 되고 만다.

그리고 컴퓨터로 글을 쓰면 언제든지 퇴고할 수 있다는 함정이 있다. 펜으로 쓸 경우, 퇴고를 몇 번 정도 하고 나면, 원고용지가 너무 지저분해져 버리므로 어느 정도의 단계에서 단념을 해야 한다. 단념할 수 없을 때는 다시 한 번 원고용지에 새로 쓸 수밖에 없다(이것은 결국 노동이라고 할 수밖에 없는 귀찮은 작업이다).

그런데 컴퓨터는 아무리 퇴고를 많이 해도 원고용지가 더러워지는 일은 없으므로 몇 번이든 퇴고할 수 있다. 그렇게 해서 그 소설이 재미있게 된다면 마음에 들 때까지 몇 번이고 퇴고하면 그만이다. 그러나 하고 있는 일이라는 게 조사를 고치거나 형용사 '아름답다'를 '멋지다' 또는 '예쁘다'라고 고치는 정도가 대부분이다(그리고 보니 카뮈의 《페스트》에 첫 머리 한 문장 속의 형용사 하나를 계속해서 고치는 소설가 지망생이 나온다).

그렇지만 글을 쓰는 본인은 좀처럼 그런 사실을 알아차리지 못한다. 알아차리지 못할 뿐만 아니라, 퇴고를 거듭할 때마다 자신의 소설이 사랑스러워져서 싹둑 잘라버려야 할 데가 있어도 선뜻 자르지 못한다. 나아가 잘라야 한다는 것조차 알아차리지 못한다. 결국 다 쓴 것을 '계속 주무르게' 되고 언제까지나 작품으로 완성하지 못하게 된다.

소설을 깔끔하게 마무리하는 것은 물론 매우 중요하다. 그러나 어디까지 고치고 어디에서 단념해야 할까? 그 경계선이 어디인지 한 마디로는 말할 수 없다. 하지만 앞에서도 이야기했듯이, 습작 기간에는 자신이 쓴 것을 지나치게 대단하게 생각지는 말고 일단 마무리가 되었다고 생각하면 다음 작품을 쓰기 시작하는 편이 낫다.

나도 《잔향殘響》을 쓸 때까지는 손으로 쓴 원고를 컴퓨터에 다시 입력하고 나서 퇴고를 했다. 그런데 내 자신이 하고 있는 일이 자가당착自家撞着이라고 생각되어 그 다음부터는 컴퓨터를 사용하지 않기로 했다.

　근본적인 문제는 퇴고 또는 작품의 마무리에 대한 사고방식이다. 컴퓨터 그 자체에는 아무런 결점이 없지만, 기계(도구)라는 것은 두려운 것으로, 사용자의 경향을 증폭시키는 힘을 갖고 있다. 게다가 문학인들 사이에는 퇴고에 퇴고를 거듭해서 완성한다, 일언일구^{一言一句}도 헛되이 쓰지 않는다, 이렇게 언어를 과도하게 중시하는 전통이 있다. 그래서 몇 번이고 고쳐 쓸 수 있는 컴퓨터가 그 전통과 연결되기 쉽다는 생각도 든다.

　내 경우의 퇴고는 이와 반대로, '쓸데없게 보이는 것을 얼마나 늘릴까'라는 것과 비슷하다. 하지만 퇴고라는 의미에서는 같은 것이다. 그러나 컴퓨터로 퇴고를 하는 것은, 나이가 들어감에 따라 고장 난 시계를 수리하고 있는 듯한, 터무니없는 세밀한 작업을 강요받고 있다는 느낌이 든다.

손을 내려놓고 창밖을 본다

　나이 이야기가 나왔으니 컴퓨터에 대한 험담을 하나 더 하자.
　앞에서 손으로 펜을 잡고 쓰는 일이 '노동'이라고 했는데, 손으로 쓰는 것과 컴퓨터를 쓰는 것, 어느 쪽이 더 피곤하냐 하면 실은 컴퓨터 쪽이다.
　40세를 넘으면 대개의 사람은 어깨 결림이 심해지고 노안^{老眼}이 찾아온다. 그런데 컴퓨터로 작업을 하면 손으로 쓰는 것보다 어깨 결림이 더 심해지고 눈은 펜으로 쓸 때보다 더 피곤해진다. 컴퓨터 앞에 앉아 있는 자세란 양손이 고정되어 있기 때문에 아무래도 어깨가 굳어지기 쉽고, 쓰고 있는 도중에 모니터를 계속해서 보고 있어야 하기 때문에(소설을 쓰는 시간의 태반은 실은 자신이 쓴 것을 읽고 있는 시간이다) 눈의 피로는 매우 심해진다.

컴퓨터는 역시 20세기의 발명품으로서 인간이 그 앞에 앉아 있으면 이상하게 생산성을 올리도록 만들어져 있다. 이와는 반대로 펜으로 쓰는 것은 생산성 따위는 문제가 되지 않았던 시대부터의 행위이기 때문에 집중이 잘 안 된다 싶으면 곧바로 그만둘 수도 있다. 설령 글쓰기에 집중하고 있을 때에도, 몸 전체가 의외로 여러 가지 움직임을 계속하기 때문에 컴퓨터를 사용할 때처럼 어깨가 결리지도 않으며 눈도 그다지 피곤하지 않다. 그런가 하면 자리에서 일어나 여러 각도에서 자기가 쓴 것을 읽을 수도 있다.

좀 더 덧붙여 이야기하자면 펜으로 쓰면서 원고용지를 보는 시간은 컴퓨터 모니터를 보는 시간보다 압도적으로 짧다. 그리고 다음에는 무슨 말을 쓸까 하고 생각하는 동안에는 원고용지 대신 다른 곳을 볼 수도 있다. 그러므로 밖을 내다볼 수 있는 창가에 책상을 놓게 되고, 이것은 정신 건강(환기)에도 좋다. 나는 이 덕분에 자연광이 비치는 낮에만 일을 하게 되었다.

컴퓨터(워드 프로세서)가 보급된 지 20~30년. 데뷔하고 나서 죽을 때까지 컴퓨터로만 글을 썼다고 하는 소설가는 아직 없을 것이다. 하지만 앞으로는 '지나치게 컴퓨터를 많이 사용해서 죽음을 재촉한 소설가'가 나오지 않으리라는 법도 없을 것이다…….

그런 의미에서 노파심이긴 하지만, 40세가 넘어서도 계속 소설을 쓰려고 생각하는 사람(앞에서 소설가가 된다는 것은 30~40년 계속해서 글을 쓸 각오를 하는 것이라고 말을 했다……)은 손으로 글을 써보는 경험도 쌓아두라고 권하고 싶다.

맺는 말

먼저 이 책을 쓰게 된 뒷이야기를 하자. 약 열 시간 동안 편집자를 앞에 두고 내가 이야기한 내용을 녹음한 테이프가 이 책의 바탕이 되었다. 이렇게 한 이유는 '시간이 없어서'도 아니었고 '쓰는 것이 귀찮아서'도 아니었다.

나는 몇 년 전부터 여러 출판사로부터 '소설 작법에 관한 책을 쓰지 않겠느냐'는 제안을 받고 있었다. 이와는 별도로 내 홈페이지에 소설 작법에 대해서 글을 쓰기도 했다. 그런데 이런 글을 쓰고 있자면, 있을 수 있는 모든 오해나 반론에 대처하기 위해서 논지가 점점 더 엄밀하게 되어간다. 그렇게 해서 처음 1장부터 세부적인 것이 지나치게 많아지고, 급기야는 난해하기 짝이 없는 글이 되어 버린다. 그래서 '글쓰기에 지친 사람'을 위한 글이어야 하는데 어느 틈엔가 '이미 몇 작품인가 써본 일이 있는 사람'이 아니면 도저히 이해할 수 없는 내용으로 바뀌기 때문이다.

그래서 소설을 쓰는 방법에 대한 책을 쓰는 것은 이제 포기해야겠다고 생각하고 있던 차에 이런 이야기가 나와 말로 하는 것부터 시작해보면 모양이 될지도 모른다고 생각했던 것이다.

물론 말로 한 것을 글로 바꾸어내는 것이기 때문에 꽤 시간을 들여 손을 보았다. 하지만 이 책이 처음부터 글로 쓴 것이 아니라 말로 한 것이라는 흔적은 충분히 남아 있을 것이라고 생각한다.

처음부터 글로 쓴 것이 아니기 때문에 아무래도 무언가 빠진 것이 있기는 하겠지만, 그만큼 쓰는 것으로 몰아가는 '드라이브감'과 같은 것이 있을 것이라고 생각한다. 4장에서 '보편성'과 '지금'을 이야기하기 위해서《여성 극악첩》을 예로 든 것은 아무래도 갑작스럽기는 하지만, 그때그때 만난 대상을 바탕으로 늘 소설을 생각하는 것은 나의 특징이기도 하다. 이런 갑작스런 '그때그때의 느낌' 등도 이 책을 처음부터 글로 썼다면 나올 수 없었을 것이다.

나는 이 책 전체를 통해 재미있다고 느끼는 것, 그때에 흥미가 솟아났던 것, 자신이 오랫동안 만나왔던 것, 이들 모두가 '생각의 대상'이고 이들을 형식적인 감상으로 끝내버리지 않고 좀 더 잘 생각하는 것이 소설을 생각하는 것으로 이어진다고 하는 것을 강조할 수 있었다고 생각한다. 본문에서도 이야기했듯이, 소설은 기존의 소설만을 바탕으로 생각해서는 발전이 없는 표현 형식이다.

이런 말을 들으면 독자는, 내가 굉장한 자신감을 갖고 소설을 써왔다고 생각할지도 모른다. 그러나 데뷔하고 나서도 한참 동안은 계속 불안했다.

일부 평론가로부터 분명히 좋은 평가를 받기는 했다. 그러나 그것도 대개는 "어디가 좋다고 말하라면 설명하기는 어렵지만, 이 작가는 적어도 쓰는 것에 의식적이다."라는 정도의 느낌이었다. 평론가들이 내 소설을 순수하게 즐기면서 읽는 것처럼은 보이지 않았다(그러므로 독자에 대해서도 별 설득력이 없다). 단행본의 팔림새를 보아도 확 팔려나가지는 않았으므로 어떤 사람이 실제 독자인지 전혀 알 수가 없었다.

그러나 무엇보다도 《플레인송》 이후, 쓸거리를 남겨두지 않고 한 작품 한 작품 쓸 때마다 쓸 수 있는 한 모든 것을 써야겠다고 작정해왔기 때문에 한 작품을 쓰고 나면 다음 작품에는 무엇을 써야 할지 좀처럼 그 제재가 보이지 않았다.

나는 소설을 위한 제재를 여행지 찾듯이 한 번도 살아본 일이 없는 곳에서는 찾지 않았다. 내 자신이 잘 알고 있는 장소에 한정해야겠다고 처음부터 마음먹고 있었다. 사건을 만들어 내고 화려한 스토리를 만드는 것은 물론, 조금 색다르고 재미있을 듯한 스토리를 만드는 데도 관심이 없었다. 그 결과 어쨌든 제재가 보이지 않았다. 제재를 찾아야 한다고 생각하지는 않았으므로, 제재가 '찾아지지 않는' 것이 아니라 '보이지 않았다.'

우리 일상생활에는 쓸 값어치가 있는 일들이 얼마든지 있을 터인데, 하나 쓰고 나면 다음 쓸거리가 한참 동안은 나오지 않는다. 그 상태가 불안하다.

그리고 간신히 쓰기 시작했더라도, 스토리 위주로 나가려고는 하지 않기 때문에 정말로 이 소설을 끝까지 쓸 수 있을지 불안하기도 하다. 그리고 스토리가 없어서 소설답지 않기 때문에 지금 쓰고 있는 이것이 소설의 모습을 하고 있는 것인지, 소설다운 소리가 어딘가에서 울리고 있는지도 불안하다.

그러나 나는 그 불안함으로부터 도망치지 않았다. 내가 고집이 센 것인지, 게으른 것인지, 낙관적인 것인지 알 수는 없지만 도망을 쳐서 스토리에 의지하거나 이국적 취향으로 달리거나 사회에서 문제가 되고 있는 것에서 제재를 찾지는 않았다. 그 대신 글쓰기(글쓰기에 지치는 것)의 불안함을 믿고 거기에 계속 머무르고 있다.

그런 상태로 10년 이상 작가 생활을 계속해왔다(아직은 겨우 '10년 이상'이지만, 나쓰메 소세키가 작가로서 활동했던 기간은 12년이 채 못 된다). 지금은 그 불안함이 없어졌느냐 하면 아니다, 그런 일은 절대 없다. 최신작《컨버세이션 피스》의 경우에도, 쓰기 시작하고 나서 1년이 넘도록 소설다운 모습이 갖추어져 있지 않은 듯한 느낌을 가진 채 계속 쓰고 있었다. '이 소설은 반드시 최후까지 쓸 수 있다' 하고 확실히 느낀 것은 전체 6장 가운데 5장의 중반부를 쓰고 나서였다.

즉, 소설을 쓰기 전에도 쓰는 과정 속에서도 나는 늘 불안하다. 그러므로 그 불안함은 당연한 것일 뿐, 불안함으로부터 해방되는 일은 절대로 없다. 불안함도 익숙해지면 길잡이와 같은 것이다(그러나 설령 그렇다 해도 나뿐만 아니라 요즘 소설가는 모두 독자로부터의 반응이 없음을 고통스럽게 느끼고 있으므로 좋아하는 소설가에게는 귀찮게 생각하지 말고 감상문을 써서 출판사에 보내주기 바란다. 조금도 꾸밈이 없는, 솔직한 감상을 알고 싶은 것이다).

이 책의 가장 큰 특징은 이 책이 미완성이라는 것이다.

체계적이 아니라거나 모든 것을 총망라하고 있지 않다는 뜻이 아니다. '소설'과 '문학'이 엄밀하게 나뉘어 사용되어 있지 않다거나, 강조 부호 사용이 너무 많고 일정하지 않은 것도 신경이 쓰이지만, 그래서 미완성이라고 말하고 싶은 것은 아니다.

그런 것이 아니라, 이 책은 '소설을 쓰는 법에 관한 책'이므로, 독자가 이 책을 읽고 자극을 받아서 지금까지 생각하지 못했던, 소설을 대하는 새로운 방식을 갖게 되지 않는다면 이 책은 결코 완성될 수 없다.

아무리 책으로서는 완성되어 있다고 해도, 그런 것은 '닫혀 있을 뿐'이다. 이 책을 통해 소설가가 실제로 태어나지 않으면, 이 책은 결코 '소설을 쓰는 법에 관한 책'은 될 수 없다. 즉, 소설가가 태어남으로써 비로소 이 책은 완성된다.

그러므로 이 책은 독자가 이 책을 읽는 동안, 지금까지는 결코 생각한 일이 없었던(보이지 않았던) 새로운 제재를 발견하게 되고, 글로 쓰고 싶어지도록 구성되어 있다.

이 책은 반드시 완성된다, 라고 나는 지금 단언하고 싶다.

소설을 쓰고자 하는 사람들의 진정한 마음이 이상한 형태로 억눌려 있는 것이 현상이기 때문이다. 기존의 소설 쓰는 법에 관한 책이나 창작 강좌의 강사는 테크닉이나 형식만 가르치고 있지만, 그것을 통해 '기성 소설'이라는 최악의 틀을 소설가 지망생에게 강요하는 결과가 된다는 것을 깨닫지 못하고 있다. 그런 책의 저자나 강사는 대개 실제 작가가 아니다. 그리고 실제 작가라 해도 그리 뛰어난 작가는 아니다.

편집자를 백락伯樂(중국 주나라 때의 사람. 말의 좋고 나쁨을 잘 가려냈으며, 말의 병도 잘 고쳤다.)이라고도 한다. 경마로 치면, 창작의 지도자는 조교사와 같다. 달리기를 가르치는 것과 직접 달리는 것은 다르다고 할지도 모른다. 그러나 말이 다른 말에게 달리는 법을 가르칠 수 있다면, 말은 훨씬 더 빨리 달릴 수 있게 될 것이다. 소설가가 아닌 사람의 지도를 받고 발전한 사람과 소설가가 아닌 사람의 지도를 받았기 때문에 발전하지 못한 사람, 적어도 이렇게 두 종류가 있는 것만은 틀림이 없다. 나는 뒤의 경우를 위해서 이 책을 썼다.

실제 작가가 자신의 라이벌의 숫자를 늘리는 바보 같은 짓을 했을까? 이런 질 낮은 억측을 하는 사람이 있을지도 모른다. 그러나 소설가에게는 뛰어난 소설을 읽는 것이 큰 기쁨 가운데 하나다. 뛰어난 소설을 쓰는 사람이 한 사람이라도 많아지는 것을 소설가들은 늘 바라고 있다는 것을 지금 여기에서 꼭 기억해두기 바란다.

마지막으로, 이 책을 읽고 이해가 가지 않는 부분이 있으면, 편집부에 편지를 보내주기 바란다. 꼭 답장을 쓰겠다.

그러나 이 책에서 쓴 내용은 읽고 이해할 수 있는 것이 아니라, 쓰는 행위를 통해 알 수 있는 것이다. 그러므로 질문을 하기 전에 먼저 써보고, 시간을 들여 곰곰이 생각해주기를 바란다.

호사카 가즈시保坂和志

| 추천의 글 |

소설 쓰기의 통념을 허물기

바야흐로 글쓰기 시대다. 인터넷을 여는 순간 누구나 다 글 쓰는 사람이 된다. 글을 쓰는 사람이 많아지니까 기왕이면 글을 더 잘 쓰겠다는 생각을 하는 사람이 늘어나게 되고, 그러다 보니 글 잘 쓰는 법을 알려주는 책도 많이 쏟아져 나왔다. 그 중에 어떤 책들은 꽤 높은 인기를 누리고 있다.

누구나 글을 쓰는 시대가 되면서 또 많은 이들이 소설 쓰는 사람이 되어 있다. 그 소설 중에는 우리가 대체로 진짜 소설이라고 공인해온 유형의 소설도 있고 꾸민 이야기라는 의미만 살아 있는 소설도 있다. 어쨌거나 소설 쓰는 사람이 많아지다 보니 소설작법 책 또한 많아졌고 역시 어떤 책은 꽤 많은 독자들(소설을 쓰는 사람이거나 쓰려는 사람들)이 찾아 읽는 모양이다.

그런데 지금 나와 있는 소설작법 책은 대부분 지금의 글쓰기 시대의 산물이 아니라 컴퓨터도 없고 인터넷도 아예 모르던 시절에도 똑같이 통용되던 책이다. 그런 책들은 물론 여전히 유효하다. 그러나 그 책에는 적어도 달라진 창작 환경에 대해서는 거의 배려하는 것이 없다. 인터넷을 통해 무수한 정보를 즉각적으로 얻고 활용하고 심지어는 자신이 쓰는 소설에 어떤 오류가 없는지 또는 얼마나 재미있는지 손쉽게 점검도 하고 반응도 봐 가면서 쓰는 시대인데 이에 걸맞은 소설작법 책은 없는 건지 궁금증과 갈망이 날로 커져 있다.

그런 점에서 호사카 가즈시의 이 책은 확실히 달라진 시대를 반영하고 고려하고 있는 보기 드물게 실전적인 소설작법 책이다. 가령 이 책에는 이런 대목들이 나온다. "회사에서 근무하면서 소설을 쓴다.", "재즈를 들으면서 소설을 생각해본다." …… 전통적인 소설작법에서는 오직 '소설에 몰두해서 얻는 소설'에 대해서만 가르치는 데 반해 이 책은 회사에서 일하면서도 소설을 쓸 수 있어야 하고, 재즈 같은 외부 세계의 문화를 수용하는 일상의 삶에서 소설을 얻어야 한다고 말하고 있는 것이다. "머리를 '소설 모드'로 바꾸지" 말고 평소 일상에서 쓰는 말로 소설을 써야 한다고 주장하는 작법 책은 아직 없었던 것 같다.

물론 이 책은 본격적인 소설작법 책이 아니라 소설 창작을 이제 막 시작한 사람들을 위한 입문서이므로, 소설 창작의 현장에서 구체적으로 부딪치는 논리적인 요소들, 이를테면 플롯이라거나 시점의 유지라거나 하는 문제들은 깊이 다루고 있지 많다. 하지만 일반적인 생활인으로 지내다가 소설가가 된 사람으로서 결국 소설가가 되는 인생을 살아온 과정을 적재적소에 드러내는 한편, 소설 쓰기에 대한 일반적인 통념을 넘어서 소설 쓰기가 지향해야 하는 바를 구체적으로 알려주고 있다.

소설에 '지방(지역성)'을 활용해라, 꿈을 사용하지 말라, 웃음을 살려라, 감상은 죄악이다 등의 얘기는 사실 쉽게 얻어지는 가르침이 아니다. 이런 점들은 소설에 목숨을 거는 전업 작가의 정신을 최상의 가치로 여기는 예술관이 인터넷 시대의 창조 활동과 상충될 수 있다는 점을 상기시키는 대목이 아닐 수 없다. 그러면서도 이 책은 요즘 세대에 내놓기 쉽지 않은 견해를 밝히기도 한다. "컴퓨터보다는 펜으로 쓰기를 권한다!"

내 글을 포함해서 국내에서 통용되는 소설 창작법과는 아주 다른 견해도 있다. 대표적으로 많은 단편소설이 회상 기법을 즐겨 쓰고 있고 따라서 과거와 현재가 혼용되는 플롯이 당연시되는 우리 소설계로 보면 "회상 형식을 버리고 시간 순으로 쓴다."라고 주장한 이 책의 한 단원은 매우 이채롭다. 이 점은 바로 소설은 '지금 여기'를 제대로 다루지 않으면 안 된다는 중심적인 관점을 회상 형식의 구태의연함에 대한 비판으로 표현한 것이라 하겠다.

일본 작가가 쓴 책이므로 당연히 실제 사례로 드는 작품의 대부분이 일본 소설인데 의외로 알려진 작품이 많은 데다 국내에 번역이 되지 않은 소설도 본문에서 충분하게 보충 설명을 하고 있어서 건너뛸 것도 없이 읽히고 이해된다. 그밖에 외국 작품도 거론되는데 그것들 역시 우리에게 즐거운 대리 독서 경험을 안겨 주기까지 한다.

이 책에서 "소설을 쓰는 것은 먼저 타인의 말을 자신의 말로 바꾸는 것에서부터 시작한다."고 말했듯이 쉽고 다채롭게 전개

되는 이 타인의 작법을 자기 것으로 바꾸어 받아들이기만 한다면 아직 창작을 하지 않은 습작생들도 많은 창작을 해본 사람의 역량을 자기 것으로 얻을 수 있지 않을까 한다. 소설을 쓰는 문턱에 와 있는 무수한 작가들에게 즐겁고 유익한 시간이 될 것이다.

박덕규(소설가·단국대학교 문예창작과 교수)

글쓰기에 지친 이들을 위한 창작 교실
한국어판 ⓒ 섬앤섬 출판사, 2014

지은이 호사카 가즈시
옮긴이 정재윤
발행인 김현주　**편집장** 한예솔　**디자인** 노병권　**마케팅** 한희덕

등록 2008년 12월 1일 제 396-2008-000090호
주소 (410-909) 경기도 고양시 일산동구 호수로 340-38. 1016호(비잔티움 1단지)
주문 및 문의 전화 070-7763-7200　**팩스** 031-907-9420

2014년 6월 15일 펴낸 책(개정판 1쇄)

이 책은 저작권법에 따라 보호받는 저작물이므로 무단 전재와 복제를 금하며, 이 책 내용의 전부 또는 일부를 이용하려면 반드시 저작권자와 섬앤섬 출판사의 서면 동의를 받아야 합니다.

ISBN 978-89-97454-12-9 03800

* 값은 뒤표지에 있습니다. 잘못 만든 책은 교환해드립니다.

이 도서의 국립중앙도서관 출판시도서목록(CIP)은 서지정보유통지원시스템 홈페이지(http://seoji.nl.go.kr)와 국가자료공동목록시스템(http://www.nl.go.kr/kolisnet)에서 이용하실 수 있습니다(CIP제어번호: CIP2014016562).